Liebe Leserinnen und Leser,

seien Sie herzlich willkommen in Thüringen, im geschichtsträchtigen »Lutherland« und »Kernland der Reformation«! Das heute viel besuchte Kulturland bietet zahlreiche Erinnerungsorte an jene bedeutsame Epoche an der Schwelle zur Neuzeit, unter denen Gotha einen besonderen Platz beanspruchen darf.

In der einst kurfürstlich-sächsischen Stadt finden sich reichlich Spuren des Wirkens von Martin Luther und anderen Persönlichkeiten

Dr. Steffen Raßloff   Maik Märtin

der Reformationsgeschichte. Unter dem Theologen Friedrich Myconius, dem »Reformator Gothas«, erfolgte die konsequente Durchsetzung der lutherischen Lehren.

Herzog Ernst der Fromme machte Gotha 1640 zur Residenz eines »protestantischen Musterstaates«. Seine Nachfolger bauten die Stadt mit dem imposanten Schloss Friedenstein weiter prächtig aus. Das »Barocke Universum Gotha« bietet so eine Fülle an bedeutenden historischen Erinnerungsorten und Kulturschätzen.

Knapp drei Jahrhunderte blieb Gotha Hauptstadt eines herzoglich-sächsischen Kleinstaates der Wettiner und Zentrum einer entsprechenden evangelischen Landeskirche. Seit 1920 gehört es zum Freistaat Thüringen. Mitten im »Grünen Herzen Deutschlands« gelegen, zählt Gotha heute zu den wichtigsten Anziehungspunkten im »Land der Residenzen«.

Die Herausgeber

Dr. Steffen Raßloff
Verantwortlicher Redakteur

Maik Märtin
Referent für Presse- und Öffentlichkeitsarbeit, Städtepartnerschaften und Kultur der Stadt Gotha

Inhalt

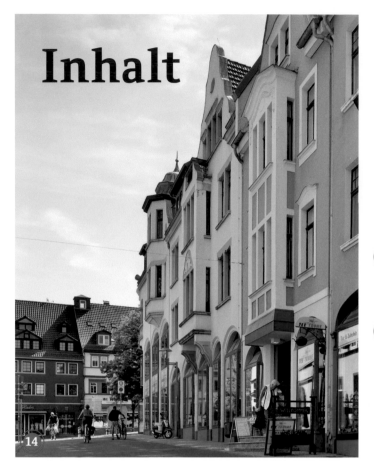

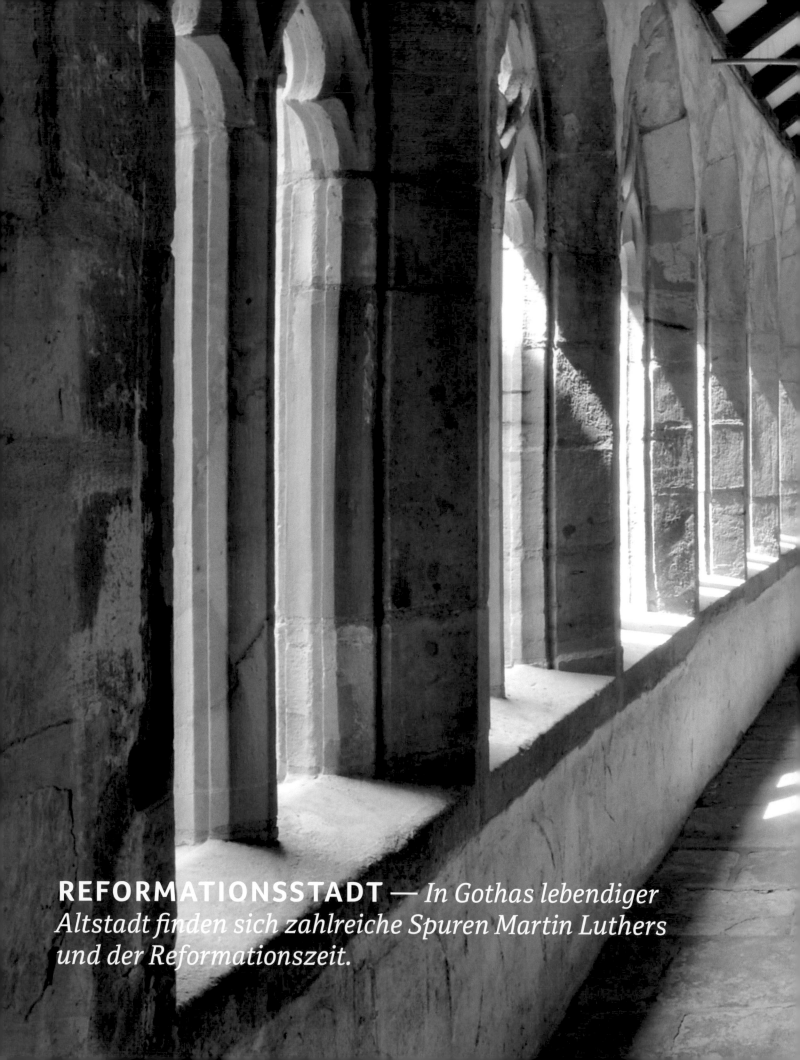

REFORMATIONSSTADT — *In Gothas lebendiger Altstadt finden sich zahlreiche Spuren Martin Luthers und der Reformationszeit.*

RESIDENZSTADT — *Die Wettiner formten Gotha zu einer »protestantischen Musterresidenz« um Schloss Friedenstein, die heute zahllose Kulturschätze bietet.*

STADT DER KARTOGRAPHIE — *In Gotha wurden Meilensteine der modernen Kartographie und geographischen Wissenschaft gesetzt.*

Willkommen in der Lutherstadt Gotha

Martin Luther begann in Gotha seine Kirchenkarriere und sah den Heimatort seines Freundes Friedrich Myconius als eine »göttliche Stadt«

VON KNUT KREUCH

Wer auf den Spuren der Reformationsgeschichte und Martin Luthers wandeln möchte, kommt an der Residenzstadt Gotha nicht vorbei. Unsere Stadt gehört in der langen Reihe von Luther-Wirkungsstätten auch zu den wichtigsten Schauplätzen der Reformation. Der große Theologe besuchte Gotha siebenmal, hielt vier Predigten und wäre erstaunt darüber, welchen Umfang sein schriftlicher Nachlass im Schloss Friedenstein angenommen hat: Im Besitz der Forschungsbibliothek Gotha befinden sich sage und schreibe rund 1.100 Luther-Handschriften.

Bevor die Reformation vor rund 500 Jahren überhaupt angestoßen wurde, hatte sich Gotha nach der Übersiedelung von Mutianus Rufus eingangs des 16. Jahrhunderts zunächst zu einem Zentrum des Humanismus gemausert. Als Mentor von Georg Spalatin, dem späteren Freund und Begleiter Martin Luthers, schuf Mutianus mit seinem »Gothaer Kreis« ein humanistisches Netzwerk, dem u. a. Ulrich von Hutten, Heinrich Urbanus, Johannes Lang, Eobanus Hessus, Herbord von der Marthen und Crotus Rubeanus angehörten. Als Kritiker der Kirche war Mutianus weit über Gotha hinaus einer der geistigen Wegbereiter der Reformation, konnte sich aber für die radikaleren Ansichten Luthers später nicht erwärmen. Wie Mutianus kam auch Lucas Cranach, einer der bedeutendsten Maler

der Reformation und der Porträtmaler Luthers schlechthin, noch vor dem Wittenberger nach Gotha. Er ehelichte wahrscheinlich 1512 die Gothaer Ratsherrentochter Barbara Brengebier. Das Lucas-Cranach-Haus am oberen Hauptmarkt erinnert mit seinem Wappen über dem Tor, das die gefiederte Schlange zeigt, noch heute an ihn.

Drei Jahre darauf startete in Gotha dann eine der bedeutendsten Kirchenkarrieren überhaupt. Martin Luther kam zum ersten Mal in unsere Stadt und predigte hier am 1. Mai 1515 anlässlich eines Kongregationskapitels des Augustinerordens, wo er zum Distriktsvikar in Thüringen und Sachsen gewählt wurde. Seine Aufsehen erregende Predigt über die Laster der Mönche machte zugleich Mutianus Rufus auf ihn aufmerksam, der mit Luther daraufhin in Briefwechsel trat. Im Folgejahr wurde in unserer Stadt sogar eine genealogische Verbindung zu Luther hergestellt, denn mit Cyriacus Lindemann wurde jener Cousin in Gotha geboren, der später einmal als erster protestantischer Rektor in die Geschichte der Universität Leipzig eingehen sollte. Luther selbst visitierte am 29. Mai 1516 das Gothaer Augustinerkloster, benötigte aber dank der guten Führung desselben nur zwei Stunden Zeit dazu.

Eine Begebenheit beim dritten Luther-Aufenthalt in unserer Stadt vom April 1521 hat sich als eine der besonders gern zitierten »Gothschen Sagen« erhalten. Noch heute erzählt man: »Als Luther am 8. April 1521 in der Kirche predigte, saß am Westgiebel der Teufel und riss unter lautem Gepolter Steine von der Mauer aus Wut darüber, dass ihm der Reformator so viele Seelen entzöge.«

Die Reformation begann in Gotha ein Jahr nach dem sagenumwobenen Auftritt Luthers mit der Verkündigung des Evangeliums durch Johann Langenhan, den Pfarrer von St. Margarethen. Nach dem »Gothaer Pfaffensturm« zu Pfingsten 1524 kam zur Ordnung der Verhältnisse im Kirchen- und Schulwesen schließlich Friedrich Myconius nach Gotha, wo er zum ersten evangelischen Prediger und Superintendenten ernannt wurde. Myconius wurde durch seine Arbeit weit über Gotha hinaus zu einem wichtigen Wegbegleiter Luthers und zu einem der bedeutendsten Geschichtsschreiber der Reformationsbewegung, u. a. Autor der »Geschichte der Reformation« (1541).

Luther selbst besuchte Gotha und seinen Freund Myconius erneut vom 25. bis 27. September und vom 9. bis 10. Oktober 1529 anlässlich seiner Reise zum Marburger Religionsgespräch und predigte zweimal in der Augustinerkirche. An den nächsten Gotha-Aufenthalt während des Rückweges vom Fürstentag in Schmalkalden sollte sich Luther dann auf ewig erinnern. Am 27. Februar 1537 musste er in Gotha einkehren und im Gasthof »Zur Löwenburg« am Hauptmarkt 42, heute gegenüber dem Rathausportal gelegen, für mehrere Tage Krankenlager nehmen. Nierenkoliken plagten ihn so sehr, dass er Johannes Bugenhagen bereits sein Testament diktierte und mit Friedrich Myconius sein Begräbnis in Gotha besprach. Die gute Pflege und Fürsorge der Gothaer vermochten jedoch eine schnelle Genesung herbeizuführen und der Reformator konnte sein großes Werk fortsetzen. Als er fünf Monate später Friedrich Myconius zur Geburt dessen Sohnes gratulierte, schrieb er an den »Bischof der göttlichen Stadt«: »Gewiss habe ich es inzwischen sehr oft bedauert, dass ich nicht in Deiner Stadt begraben worden bin. Denn gesundheitlich wiederhergestellt, sehe ich, was ich nicht sehen würde, wenn ich in Gott oder Gotha begraben wäre« (Abschrift eines Briefes Martin Luthers vom 27. Juli 1537 [Forschungsbibliothek Gotha, Chart A 1048, Bl. 15v-16r]).

Knut Kreuch

Und Luther besuchte Gotha am 6. Juli 1540 auf der Durchreise nach Eisenach noch ein siebentes und letztes Mal. Von hier aus wurde er von Myconius zur Beratung mit Landgraf Philipp von Hessen begleitet.

Rund 100 Jahre nach dem Tod von Martin Luther und Friedrich Myconius erbaute Herzog Ernst der Fromme das Schloss Friedenstein. Er hatte selbst im Dreißigjährigen Krieg auf protestantischer Seite gekämpft und formte seinen »protestantischen Musterstaat« ganz im Sinne des Luthertums. Heute thront sein imposanter Schlossbau weit sichtbar über unserer Stadt und ist mit den darin ansässigen Einrichtungen nicht nur ein wunderbarer Ort für Reformationsforscher.

500 Jahre nach Reformationsbeginn setzt die Residenzstadt Gotha heute mit ihrer Wirtschaftskraft, ihrem kulturellen Reichtum und dem »Barocken Universum Schloss Friedenstein« mitten in Thüringen den wohl bedeutendsten Akzent in der Städteperlenkette an der Bundesautobahn A4. Die altehrwürdige Stadt blickt auf eine glanzvolle und höchst interessante Geschichte zurück, erlebt eine pulsierende Gegenwart und wird sich in der Zukunft als eine Stadt entwickeln, in der Leben, Lernen, Arbeiten und Forschen vom Flair eines charmanten Stadtbildes begleitet werden. Der bekannte Name Gothas als Ort der Reformation, als Ausgangspunkt zur Entdeckung der Erde und des Weltalls, als Veranstaltungsort bedeutender Kongresse, als Schnittpunkt bedeutender genealogischer Verbindungen oder als Zentrum naturwissenschaftlicher und historischer Forschungen wird mehr denn je internationale Bedeutung haben.

Ich lade Sie ein, Gotha zu besuchen und sich anzuschauen, was diese einzigartige Stadt, genau auf halbem Wege zwischen Erfurt und Eisenach, so liebenswert macht. ●

▶ **KNUT KREUCH**
ist Oberbürgermeister der Stadt Gotha.

STADTFÜHRUNG

Gotha bietet als barock geprägte Residenzstadt rund um das imposante Schloss Friedenstein zahlreiche herausragende Bau- und Kulturdenkmale. Auch Spuren Martin Luthers, vom jungen Mönch bis hin zum reifen Reformator, haben sich in der einstigen protestantischen »Musterresidenz« erhalten. Dazu: Gastrotipps aus Thüringen.

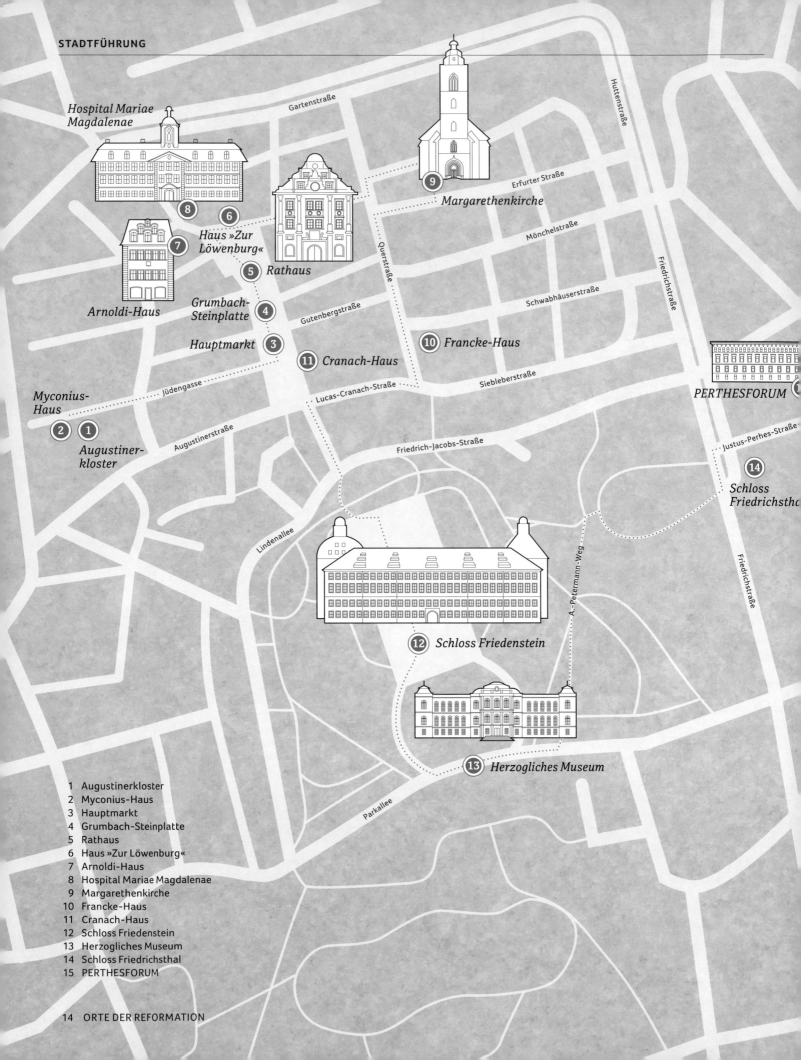

Hospital Mariae Magdalenae

⑧

⑥

Haus »Zur Löwenburg«

⑦

⑤ Rathaus

Arnoldi-Haus

Grumbach-Steinplatte ④

Hauptmarkt ③

⑨ Margarethenkirche

⑩ Francke-Haus

⑪ Cranach-Haus

Myconius-Haus

② ①

Augustiner-kloster

PERTHESFORUM

Schloss Friedrichsthal

⑭

⑫ Schloss Friedenstein

⑬ Herzogliches Museum

Gartenstraße

Huttenstraße

Erfurter Straße

Mönchelstraße

Friedrichstraße

Schwabhäuserstraße

Querstraße

Gutenbergstraße

Siebleberstraße

Jüdengasse

Lucas-Cranach-Straße

Augustinerstraße

Friedrich-Jacobs-Straße

Justus-Perhes-Straße

Lindenallee

A.-Petermann-Weg

Friedrichstraße

Parkallee

1 Augustinerkloster
2 Myconius-Haus
3 Hauptmarkt
4 Grumbach-Steinplatte
5 Rathaus
6 Haus »Zur Löwenburg«
7 Arnoldi-Haus
8 Hospital Mariae Magdalenae
9 Margarethenkirche
10 Francke-Haus
11 Cranach-Haus
12 Schloss Friedenstein
13 Herzogliches Museum
14 Schloss Friedrichsthal
15 PERTHESFORUM

Auf Spurensuche durch die Residenzstadt

Nicht nur Martin Luther und »Muster-Herzog« Ernst der Fromme haben Gothas Geschichte nachhaltig geprägt

—

VON STEPHAN FREITAG

Nördlich des Thüringer Waldes, malerisch eingebettet zwischen zwei sanft ansteigenden Höhenzügen, liegt Gotha. Weithin sichtbar erhebt sich majestätisch Schloss Friedenstein über der Stadt. Den »protestantischen Escorial« nannte der Schriftsteller Reinhold Schneider dieses gewaltige Schloss einmal. Die wuchtige Größe und ruhige Strenge der Fassade, die ein umso prächtigeres Inneres birgt, sind ein beredtes Zeugnis nicht nur des Stolzes der Ernestiner, die hier regierten, sondern auch eines tief im Luthertum verwurzelten Geistes.

Wir beginnen unseren Rundgang am Fuße des Schlossbergs, an einem für das religiöse Leben in der Stadt höchst geschichtsträchtigen Ort, dem Augustinerkloster. ① Schon im 12. Jahrhundert befand sich hier wahrscheinlich eine Synagoge als Zentrum einer jüdischen Gemeinde. Nach gewaltsamen Übergriffen und Zerstörungen durch die Bauern, beflügelt vom Geist der Kreuzzüge, wurde 1225 das Land an den Franziskanerorden übergeben, 1250 folgten Zisterziensernonnen. 1258 übernahmen es schließlich die Augustiner-Eremiten. Unter ihnen blühte das Kloster rasch auf. Schon acht Jahre später gründeten Gothaer Mönche eine Niederlassung in Erfurt, die als Kloster Luthers berühmt werden sollte. Hierauf folgten noch fünf weitere Neugründungen. Aus dieser Zeit haben sich noch die Nord- und die Westwand der Kirche erhalten. Ansonsten wurden Kloster und Kirche im Laufe der Jahrhunderte immer wieder umgestaltet und erweitert. Besonders sehenswert sind außer der Kirche der gotische Kreuzgang und die Sakristei. Im ehemaligen Kapitelsaal lädt heute ein Café-Restaurant zum Verweilen ein, außerdem gibt es eine Herberge, die nicht nur Pilgern eine moderne Unterkunft in historischer Stätte bietet.

Augustinerkirche mit dem seit den 1950er Jahren als »Myconius-Haus« bezeichneten Gebäude (links daneben). Tatsächlich befand sich das Wohnhaus von Myconius jedoch an anderer, heute nicht mehr sicher zu lokalisierender Stelle

Martin Luther kam immer wieder hierher, sowohl vor als auch nach der Reformation. Erstmals predigte er 1515 in der Kirche und wurde im Rahmen eines Kongregationskapitels des Augustinerordens zum Distriktsvikar uber elf Konvente in Thüringen und Sachsen gewählt. Ein Jahr danach führte ihn eine Visitationsreise erneut nach Gotha. Später machte er noch einige Male auf seinen Reisen, unter anderem auf dem Weg zum Wormser Reichstag im April 1521, hier halt, um zu predigen.

Bei seinen Aufenthalten war er meist zu Gast im Haus von Friedrich Myconius ② (▶ S. 48), das sich nach jüngsten Forschungen allerdings an anderer, nicht mehr sicher zu lokalisierender Stelle befunden hat. Der erste evangelische Superintendent von Gotha und Vertraute Luthers hat es verstanden, ab 1524 eine neue Kirchen- und Schulordnung durchzusetzen und das ehemalige Kloster in eine Lateinschule umzuwandeln. Dies wiederum war der Grundstock des traditionsreichen Gymnasiums illustre, auf dem große Gelehrte wie August Hermann Francke und später auch der Philosoph Arthur Schopenhauer zur Schule gingen.

Vom Kloster führt nun der Weg durch die Jüdenstraße – der Name verweist noch auf die einstigen

Rathaus auf dem
Hauptmarkt

jüdischen Anwohner – zum oberen Hauptmarkt ③ mit dem Rathaus und seinen stolzen Bürgerhäusern. Teils stammen diese noch aus der Renaissance, teils aus dem Barock, doch es finden sich auch einige sehr schöne Jugendstilfassaden, die vom aufblühenden Bürgertum in der Zeit vor dem Ersten Weltkrieg künden.

Mitten auf dem Markt findet man im Pflaster eine Steinplatte ④, die an ein bedeutendes Ereignis der Reformationsgeschichte erinnert. Am 18. April 1567 wurde an dieser Stelle Ritter Wilhelm von Grumbach geviertelt. Zu dieser Zeit befand sich auf dem Schlossberg noch Schloss Grimmenstein, welches seit 1531 im Zuge der Gründung des Schmalkaldischen Bundes zur Festung ausgebaut worden war. Neben Wittenberg, Torgau und Coburg zählte Gotha zu den wichtigsten Festungen der Ernestiner. Kurfürst Johann Friedrich der Großmütige sah sich wie schon sein Vater und sein Onkel Friedrich der Weise als Schutzherr des noch jungen Luthertums. Jedoch wurde er im Schmalkaldischen

Krieg 1546/47 von Kaiser Karl V. besiegt, geriet in Gefangenschaft und verlor die Kurwürde.

Sein Sohn Johann Friedrich der Mittlere träumte 20 Jahre später davon, die Kurwürde wieder zu erlangen. Grumbach stellte dem Herzog in Aussicht, ihm diese beschaffen zu können. Der Ritter war zuvor vom Kaiser geächtet worden, weil er einen Aufstand gegen Kaiser und Reichsstände geplant hatte und in Auseinandersetzungen mit den Würzburger Fürstbischöfen verwickelt war, wobei einer der Bischöfe ermordet wurde. Herzog Johann nahm nun Grumbach bei sich auf und verschanzte sich auf dem Grimmenstein. Gotha wurde von kaiserlichen Truppen belagert und zur Kapitulation gezwungen. Der Herzog kam in lebenslange Gefangenschaft, Grumbach und die Mitverschwörer, darunter auch Lucas Cranachs Schwiegersohn Kanzler Christian Brück, wurden geviertelt und der Grimmenstein wurde geschleift.

Wir gehen nun den Markt hinab Richtung Rathaus ⑤, das mit seiner Prachtfassade an der Nord-

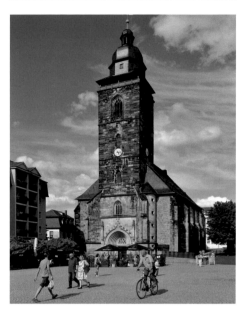

▲
Margarethenkirche

◀
Geburtshaus von
Ernst Wilhelm Arnoldi

seite, den reich verzierten Renaissance-giebeln und dem Turm der markanteste Bau auf diesem Platz ist. Auf einem Brunnen unweit davor sieht man den Hl. Godehard, den Schutzpatron der Stadt. Als Abt des Klosters Hersfeld, unter dessen Ägide Gotha im 10. Jahrhundert noch stand, ließ Gotthard, der spätere Bischof von Hildesheim, der Sage nach der Stadt viel Gutes zuteilwerden.

Beachtenswert, nicht nur hier am Markt, sind die alten Hausmarken an den Wänden und die barocken Psalmkartuschen an den Häuserecken. Vor allem im 17. Jahrhundert wüteten verheerende Brände im Stadtgebiet. Aus der Zeit des Wiederaufbaus nach dem letzten großen Brand 1665 stammen diese Kartuschen, die das neue Haus unter Gottes Schutz stellen sollten. Am unteren Hauptmarkt, dem ehemaligen Jakobsplatz, blicken wir nun auf das großartige Hauptportal des Rathauses. Über der Uhr sieht man einen goldenen Kopf, welcher den besagten Ritter Grumbach darstellen soll, der zu jeder vollen Stunde den Mund öffnet.

Direkt gegenüber vom Rathaus befindet sich das Haus »Zur Löwenburg« ⑥. Hier lag 1537, von Nierenkoliken geplagt, Martin Luther im Krankenbett und glaubte sich dem Tode nahe. Er kam gerade vom Schmalkalder Fürstentag. Glücklicherweise gesundete er jedoch bald schon wieder, verfasste aber zuvor sein erstes Testament, in dem er verfügte, er wolle hier im schönen Gotha begraben werden.

Ein Hauptgrund, warum Gotha schon im Mittelalter eine beträchtliche wirtschaftliche Bedeutung erlangte, war neben dem blühenden Handel mit dem Blaufärbemittel Waid die direkte Lage an der Fernhandelsstraße Via Regia.

Wir folgen der alten Handelsstraße nun zunächst ein Stück gen Westen in den Brühl. Vorbei am Haus zur silbernen und dem zur goldenen Schelle mit seinem schönen Rokokoportal fällt der Blick auf das gegenüberliegende Geburtshaus des Gothaer Kaufmanns und Fabrikanten Ernst Wilhelm Arnoldi ⑦. Er gründete in den 1820er Jahren die erste deutsche Feuerversicherungs- und Lebensversicherungsbank und gilt als Vater des deutschen Versicherungswesens.

Im Brühl führt uns der Weg wieder in eine viel ältere Zeit. Zur Rechten erblickt man das Hospital Mariae Magdalenae ⑧, welches 1223 von der Hl. Elisabeth als erstes Hospital von Gotha gegründet wurde. Elisabeth war die Frau Landgraf Ludwigs IV., zu dessen Besitz auch Gotha gehörte, ehe es nach dem hessisch-thüringischen Erbfolgekrieg 1264 an Heinrich den Erlauchten von Meißen und damit an die Wettiner fiel. Die heutige Fassade stammt etwa aus dem Jahr 1719 und ist typisch für den eher maßvollen protestantischen Barock. Gegenüber dem Hospital liegt eines der ältesten Gasthäuser der Stadt, das Brauhaus zum »König Sahl«. Die Hausmarke über dem Portal zeigt das Urteil des Königs Salomo, worauf der Name zurückzuführen ist. Aber noch ein legendärer König ist mit diesem Haus verbunden: Im Jahre 1632 soll der Schwedenkönig Gustav II. Adolf hier ein großes Gelage gefeiert haben. Einer seiner trunkenen Soldaten habe in jener Nacht allerdings einen furchtbaren Stadtbrand entfacht, so dass der König selbst fluchtartig Gotha verlassen musste, was er als schlechtes Omen gedeutet haben soll. Am Ende des Brühls befand sich das Brühler Tor, eines von vier Stadttoren. Erst im frühen 19. Jahrhundert wurde die Stadtbefestigung vollständig niedergelegt und ein Ring aus großen Alleen geschaffen.

Nun kehren wir um und spazieren auf der Via Regia durch die Marktstraße, neben der Erfurter Straße die belebteste Geschäftsstraße. Schon von Weitem sieht man hoch über den Neumarkt ragend die Margarethenkirche ⑨. Der spätgotische Bau wurde wie der Neumarkt im Zweiten Weltkrieg stark zerstört, und so ist das einstige barocke Interieur größtenteils nicht mehr erhalten. Dennoch be-

Blick aus dem Englischen Garten auf das Herzogliche Museum

eindruckt die Hallenkirche durch ihr Raumgefühl und die Akustik. St. Margarethen ist die Grablege Ernsts des Frommen, des wohl bedeutendsten Gothaer Fürsten (▶ S. 52), und Luise Dorotheas von Sachsen-Gotha-Altenburg (▶ S. 42). Das neugotische Portal wird flankiert von zwei großen Skulpturen Martin Luthers und Philipp Melanchthons.

Vom Neumarkt, früher der Kornmarkt genannt, führt nun der Weg durch die Querstraße zum Geburtshaus von Carl Joseph Meyer, dem Begründer des Bibliographischen Instituts und Schöpfer des großen Konversationslexikons. Rechterhand gelangt man zum Buttermarkt, dem kleinsten, aber zugleich beschaulichsten Markt in Gotha. Einst wurden hier Molkereiprodukte gehandelt, heute ist er der gastronomische Mittelpunkt der Stadt.

Wir wollen aber der Querstraße auf den Spuren der Reformation noch ein Stück folgen. Nur ein paar Häuser weiter befindet sich auf der linken Seite das Francke-Haus ⑩, in dem der Begründer der Franckeschen Stiftungen, der berühmten pietistischen Lehranstalt in Halle a. d. Saale, seine Jugend verbrachte. Sein Vater war Hofbeamter unter Ernst dem Frommen. Im streng protestantischen Milieu, in dem der junge August Hermann Francke hier aufwuchs, hat er für sein späteres pädagogisches Schaffen maßgebliche Impulse erhalten.

Wieder am Hauptmarkt, stehen wir an dessen oberer Ecke vor dem Cranach-Haus ⑪. Lucas Cranach der Ältere besaß dieses Haus, nachdem er 1512 Barbara Brengebier geheiratet hatte, Tochter eines Gothaer Ratsherrn. Zwei Töchter aus dieser Ehe lebten später in Gotha. Eine von ihnen, Ursula, heiratete wiederum einen Gothaer Ratsherrn namens Dasch. Neben dem wuchtigen Renaissanceportal sieht man noch die alte Hausmarke, welche eine kleine »Dasche« (= Tasche) zeigt, daneben die geflügelte Cranach-Schlange. Das Herzogliche Museum beherbergt eine herausragende Sammlung von Werken Cranachs d. Ä. und d. J. (▶ S. 20).

Der Schlossberg liegt nun vor uns. Im Sommer rauscht und plätschert hier das Wasser des Leinakanals an der Wasserkunst in Kaskaden den Berg hinab. Sie wurde im 19. Jahrhundert zum 500. Jubiläum dieses Kanals erbaut, der seit 1369 über fast 30 Kilometer Wasser vom Thüringer Wald nach Gotha führt.

Die schönen Palais am Schlossberg zeugen noch von der glanzvollen Epoche des Grand Siècle, als hier hauptsächlich die höheren Hofbeamten lebten. Zur Zeit Luthers befand sich »am Berge« ganz in der Nähe das Haus des großen Humanisten und Kirchenkritikers Konrad Muth alias Mutianus Rufus (▶ S. 45). Auf der Höhe angelangt, erblickt man das Denkmal Ernsts des Frommen, Begründer des Gothaer Herzogtums und Erbauer von Schloss Friedenstein ⑫ (▶ S. 52). Das Machtzentrum seines neuen »protestantischen Musterstaates«, in dem alle wichtigen Behörden vereint waren, schuf er in nur elf Jahren ab 1643. Eine der wichtigsten Reformen, die er mit Hilfe des Gelehrten Andreas Reyher im Jahre 1642 umsetzte, war die Schulreform, mit der Ernst als einer der ersten deutschen Fürsten die allgemeine Schulpflicht einführte.

Die bequemen Schlossauffahrten, die wir jetzt nach oben schreiten, gab es zur Zeit Ernsts des Frommen noch nicht. Nachdem man das Schloss fertiggestellt hatte, errichte man eine gewaltige Festung darum. Ausgedehnte Kasematten sind rund um das Schloss tief unter der Oberfläche noch erhalten. Einen Teil davon kann man heute wieder besichtigen. Über dem Eingang zum Schlosshof sieht man den »Friedenskuss«. Pax und Justitia umarmen und küssen sich mit den Worten »Friede ernährt, Unfriede verzehrt«. Der Weg führt nun über den riesigen Schlosshof mit seinen schönen Arkaden. Die schlichte Fassade ist noch ganz dem Geiste Ernsts des Frommen verpflichtet. Seine Nachfolger konnten auf diesem Fundament aufbauen und aus Gotha eine prächtige Barockresidenz formen. Heute ist Schloss Friedenstein mit seinen Museen (▶ S. 20) und der Forschungsbibliothek (▶ S. 26) ein Kulturdenkmal von internationaler Ausstrahlung.

Zum Südtor hinaus, schauen wir auf das Herzogliche Museum (1879) ⑬, welches seit 2013 wieder

Schloss Friedrichsthal

die Kunstsammlungen der Gothaer Herzöge präsentiert (▶ S. 20). Hinter dem Museum liegt der älteste Teil der Englischen Gartenanlagen. Ernst II. von Sachsen-Gotha-Altenburg hat sich hier ab 1768 ein Gartenreich geschaffen, welches in unseren Breiten seines Gleichen sucht. Es zählt nicht nur zu den frühesten Englischen Landschaftsgärten außerhalb Großbritanniens, sondern steckt zudem voller freimaurerischer Symbolik. Ernst II. war wie seine Mutter ein Förderer der Künste und Wissenschaften in Gotha, vor allem der Astronomie. Auf dem nahen Seeberg ließ er ein Observatorium errichten, welches seinerzeit Forscher aus ganz Europa nach Gotha zog.

Vom südlichen Vorplatz des Schlosses halten wir uns nun links und gelangen über eine kleine Passage in den östlichen Teil der Englischen Anlagen. Dort steht auf einer kleinen Anhöhe das Teeschlösschen, ein Sommerpavillion, erbaut im Stil einer neogotischen Kapelle. Es war ein Geburtstagsgeschenk Ernsts II. an seine Frau. Schon von Weitem erkennt man im Tal ein weiteres Schloss. Geht man darauf zu, so gelangt man an eine Balustrade, von wo sich ein herrlicher Blick in einen Französischen Garten eröffnet, der vor diesem Schloss liegt, die Orangerie.

Herzog Friedrich II., der Enkel Ernsts des Frommen, hat sich Schloss Friedrichsthal ⑭ als Lusthaus und Sommerresidenz erbauen lassen. Die Orangerie wurde erst nach Friedrichs Tod im Stil des Rokoko angelegt. Links und rechts sieht man die ehemaligen Treibhäuser, in denen Orangen, Zitronen, Pomeranzen, Lorbeergewächse, Agaven und Kamelien im Winter untergebracht waren. Die großen Treibhäuser waren beheizt, die kleineren, von denen sich nur das eine auf der nördlichen Seite erhalten hat, waren unbeheizt. In den Sommermonaten wurden die Gewächse spalierartig im Garten aufgestellt. Typisch für den Spätbarock sind die chinoisen leicht geschwungen Dächer. Orangerien waren nicht nur reine Nutzgärten. Sie spielten eine große Rolle in der höfischen Repräsentation. Die Orange selbst war ein Sonnensymbol und insofern unverzichtbar für jeden Fürsten im Zeitalter des Sonnenkönigs.

Unmittelbar nördlich des Schlosses sieht man ein großes Gebäude, bei dessen Name ein bedeutendes Kapitel der Gothaer Geschichte anklingt. Das PERTHESFORUM ⑮, die jüngst sanierten Verlagsgebäude des einstigen Perthes-Verlags, steht für die Blütezeit von Kartographie und geographischer Wissenschaft in Gotha (▶ S. 36). Hier endet unser historischer Stadtrundgang. ●

▶ **STEPHAN FREITAG**
ist Kulturhistoriker und Gästeführer in Gotha.

Musterresidenz und Musentempel

Das barocke Schloss Friedenstein und das Herzogliche Museum beherbergen einmalige Kunstschätze, darunter Meisterwerke der Reformationszeit

—

VON MARTIN EBERLE

Über Jahrhunderte herrschte in weiten Teilen Thüringens das Herzogshaus der Ernestiner, ein Zweig der Wettiner. Während bei ihren Verwandten in Sachsen, den Albertinern, die Primogenitur zum Prinzip erhoben worden war, also immer nur der Älteste die Stammlande erbte, wurden diese bei den Ernestinern auf alle Nachkommen aufgeteilt. So entstand in Thüringen eine sich häufig wandelnde Vielzahl von zum Teil kleinsten Herzogtümern. Diese oft kritisierte »Kleinstaaterei« bedingte aber auch eine flächendeckende Förderung von Kunst, Kultur und Wissenschaft, wovon Thüringen bis heute geprägt ist.

Aus einer solchen Teilung ging 1640 das Herzogtum Sachsen-Gotha hervor, dem nach einem weiteren Erbfall 1672 noch Altenburg zufiel. Herzog Ernst I. (1601–1675), der Fromme, Begründer dieser Teildynastie, wählte die damals zweitgrößte Stadt Thüringens zu seiner Residenz: Gotha. An der wichtigen Handelsstraße Via Regia gelegen, hatte es hier auf einer sanften Erhebung über der Stadt bereits eine herrschaftliche Burg gegeben, den »Grimmenstein«. Die musste allerdings 1547 und noch einmal 1567 niedergelegt werden, nachdem die Ernestiner in Konflikt mit dem Kaiser geraten waren. Auf den Ruinen baute Ernst I. ab 1643 seine neue Residenzanlage, der er noch während des Dreißigjährigen Krieges den symbolträchtigen Namen »Friedenstein« gab.

◀ S. 20
Audienzzimmer im Appartement des Herzogs

◀

Wachsporträt Herzog Friedrichs I. von Sachsen-Gotha-Altenburg, um 1675/80

Schloss Friedenstein – Barocke Musterresidenz Ernsts des Frommen

In nur elfjähriger Bauzeit entstand die gewaltige Anlage, die sich im Wesentlichen bis heute unverändert erhalten hat. In ihrem strahlenden Weiß war sie weit über das Land sichtbar. Und somit verkörperte das Schloss für das von den schrecklichen Auswirkungen des Krieges so heimgesuchte Land den Wunsch nach Frieden und Ordnung. Die weitläufige Anlage folgt dem Typus des »subordinierten Residenzbaus«, bei dem das Volumen des einzelnen Gebäudes seiner Bestimmung entspricht. So nahm der größte der Flügel im Norden die Wohn- und Staatsräume des Herrschers auf, während in den niedrigeren Seitenflügeln die Gästewohnungen untergebracht waren. Die beiden hervorgehobenen Türme an der Südseite dienten den repräsentativen und kulturellen Aufgaben des Staates. Während im Ostturm ursprünglich der Festsaal lag, nahm der Westturm die Kunstkammer, das Komödiengemach und die Bibliothek auf.

Das erste Stockwerk diente allein der Staatsverwaltung und dem Behördenapparat, während im Erdgeschoss der Zugang zu dem Archiv, der Münze, der Rüstkammer, den Stallungen und der Hofkirche lag. Nach Süden hin schloss die Anlage ursprünglich mit einer Reithalle ab, die allerdings im 18. Jahrhundert niedergelegt wurde. Das Prinzip dieser »göttlich« gewollten Ordnung wurde noch dadurch unterstrichen, dass an den vier Ecken des Baus ursprünglich überlebensgroße Figuren der vier wichtigsten Erneuerer des christlichen Glaubens angebracht waren: Moses, Elias, Johannes der Täufer und Luther. In Deutschland leitete Schloss Friedenstein in seiner Vorbildlichkeit den Residenzbau des Barocks ein.

Der von tiefer Religiosität geprägte Herzog Ernst I. leitete auf allen Gebieten der Verwaltung, Rechtsprechung, Wirtschaft und des Schulwesens tiefgreifende Reformen ein, die europaweit Aufsehen erregten. Bald schon gelang es ihm, sein Land zu stabilisieren, und so übergab er nach seinem Tod seinen sieben Söhnen ein wohlgeordnetes Herzogtum. Den Hausgesetzen der Ernestiner folgend teilten diese das gerade erst begründete Herzogtum erneut auf. Es entstanden Sachsen-Gotha-Altenburg, Sachsen-Römhild, Sachsen-Hildburghausen, Sachsen-Meiningen, Sachsen-Coburg, Sachsen-Eisenberg und Sachsen-Saalfeld. Ernsts ältester Sohn, Friedrich I. (1646–1691), verfügte damit nur noch über zwei Fünftel des Staatsgebietes seines Vaters. Innerhalb des Reiches

► Tafelzimmer im
Nordflügel von Schloss
Friedenstein

hatte das Land auf diese Weise seine hohe politische Bedeutung verloren. Diesen Verlust suchte Friedrich I. durch eine wahrhaft barocke Hofhaltung zu kompensieren. Im Mittelpunkt stand dabei der Ausbau von Schloss Friedenstein, dessen Innenräumen er ihre prunkvolle Gestaltung gab, die sich bis heute erhalten hat.

Herrschaftliche Wohn- und Staatsräume

Über das Treppenhaus gelangt man in die zweite Etage, in der die von Friedrich I. im Sinne des Hochbarocks umgestalteten herrschaftlichen Wohn- und Staaträume liegen. Man betritt sie zunächst über den Vorsaal, wo sich ursprünglich die herzogliche Leibgarde aufhielt, heute aber die originalen Baumodelle von Schloss Friedenstein ausgestellt sind. An ihnen kann man erkennen, wie sorgfältig die Planung erfolgt war. In den anschließenden Nebenräumen, der braunen und der schwarzen Galerie, kann man sich über die Familiengeschichte der Dynastien Sachsen-Gotha-Altenburg und Sachsen-Coburg und Gotha informieren. Der Rundgang setzt sich vom Vorsaal fort in das Vorzimmer, dessen Wände mit zwei prachtvollen Gobelins verziert sind, die das Staatswappen zeigen. Anlässlich der Verleihung des hochrangigen dänischen Elefantenordens an Friedrich I. waren diese Gobelins vom Herzog in Brüssel in Auftrag gegeben worden. Die beiden Tische in der Mitte zeigen Platten aus Solnhofener Kalkstein, die von Andreas Pleininger aus Regensburg in feinster Weise geätzt und gefärbt wurden. Ursprünglich gehörten sie zum Bestand der Münchner Kunstkammer und gelangten während des Dreißigjährigen Krieges bei der Plünderung durch die schwedischen Truppen in den Besitz der Ernestiner. Politischer Höhepunkt der Raumfolge

► Johann Melchior
Dinglinger und
Werkstatt, Elefant,
Dresden, um 1710/20

allerdings ist das anschließende Audienzzimmer, das aufgrund seiner Bedeutung am prachtvollsten ausgestattet wurde. Es wurde 1683 von Giovanni Caroveri stuckiert. Dabei sind die machtvollen kannelierten Doppelpilaster in korinthischer Ordnung das höchste architektonische Würdezeichen. Scheinbar tragen sie die stark plastisch geschmückte Decke, die durch einen mächtigen Lorbeerkranz in Felder und Kartuschen unterteilt ist. Kaiserköpfe, Löwen und Hermen, die üppige Früchtegirlanden tragen, verweisen auf die wirtschaftliche Kraft des Herzogtums. Über dem Kamin thront die Siegesgöttin Nike, umgeben von Trophäen: Sie ist ein Symbol für die militärische Tatkraft des Herzogs, die den Frieden und damit das Wohlergehen des Staates absichert.

Die anschließenden Räume dienten dem herzoglichen Paar als Wohnräume, wobei besonders das Betkabinett hervorzuheben ist, kommt doch hier die tiefe Religiosität der Ernestiner zum Ausdruck. Weiterhin gilt es, immer wieder einen Blick auf die reich intarsierten Fußböden zu werfen, die aus der Zeit um 1720/30 stammen. Die umfangreiche Raumfolge mündet abschließend im Tafelzimmer, das 1684/86 eingerichtet wurde. Es diente vor allem bei hochrangigen Essen als prunkvolle Kulisse für eine nicht minder prächtige Hofge-

»Türkisches«
Schlafzimmer oder
»Napoleon-Zimmer«
der Herzogin
Karoline Amalie

sellschaft. Die Wände sind von Hermen-Pfeilern gegliedert. Unter dem Gesims verweist eine Vielzahl farbig gestalteter Wappen auf die Besitzungen der Herzöge. Auch die Porträts in den Fenstergewänden, die eine fiktive Ahnengalerie zeigen, die vom sagenhaften Sachsenherzog Widukind bis hin zum Bauherrn des Saales, Friedrich I., reicht, sollten die Bedeutung des Hauses Sachsen-Gotha-Altenburg unterstreichen. In der Mitte der Stirnseiten befindet sich je eine Nische, die jeweils durch die allegorischen Figuren der vier Jahreszeiten betont sind. Auf den Schanktischen in den Nischen verwahrten die Herzöge das Silbergeschirr, ein enormes Kapital, das dazu dienen sollte, die Gäste zu beeindrucken.

Die anschließenden Räume bergen die reichen Kunstkammerbestände auf Schloss Friedenstein. Dabei diente die Kunstkammer, Kern der sagenhaften Kunstsammlungen der Ernestiner, nicht nur der fürstlichen Repräsentation. Aus der Anordnung der einzelnen Gegenstände sollte man die Weltsicht des Herzogshauses ablesen. Weiterhin wurde die Kunstkammer von Beginn an auch schon zu Lehrzwecken herangezogen, und die Schüler des Gothaer Gymnasiums erhielten hier Realienunterricht. Dieses für das 17. Jahrhundert ausgesprochen moderne Prinzip der Ausbildung wurde später von August Hermann Francke, selbst Schüler in Gotha, bei der Gründung der Franckeschen Stiftungen in Halle 1698 übernommen. Neben all den Kostbarkeiten aus Elfenbein und Email, Silber und Bernstein, den Nautilusmuscheln, Reliefs und Kokosnusspokalen sei vor allem auf die besonders kostbare Gold- und Silberschmiedearbeit eines Elefanten von Johann Melchior Dinglinger hingewiesen. Anders als sein Pendant im Grünen Gewölbe in Dresden ist er nicht emailliert, sondern reich mit Smaragden und Diamanten besetzt und stellt ein vollendetes Kleinod des deutschen Kunsthandwerks dar. Zu den kuriosesten und gleichermaßen symbolträchtigsten Stücken zählt aber ein Stiefel aus dem Besitz von Kurfürst Johann Friedrich dem Großmütigen (1503–1554).

In der Schlacht bei Mühlberg an der Elbe führte der Kurfürst die Truppen des Schmalkaldischen Bundes gegen das spanisch-deutsche Heer unter Kaiser Karl V. (1500–1558) zur Verteidigung des protestantischen Glaubens an und erlitt dabei eine vernichtende Niederlage. Er selbst geriet verwundet in Gefangenschaft und wurde zur Entehrung von seinen Kriegsgegnern entkleidet. Die Todesstrafe wurde zwar später in eine mehrjährige Haft umgewandelt, die sächsische Kurwürde und ein Teil seines Landes aber wurden ihm abgesprochen und seinem albertinischen Vetter, Moritz von Sachsen (1521–1553),

◄
Stiefel Kurfürst
Johann Friedrichs
des Großmütigen,
vor 1547

Blick von der Fürsten-
loge auf die Bühne
des Ekhof-Theaters

Ekhof-Theater – Museum der Natur – Historisches Museum

Den Abschluss des Rundganges durch Schloss Friedenstein bildet ein Besuch des Ekhof-Theaters, eines der wohl bedeutendsten historischen Theater Deutschlands. Zwischen 1681 und 1683 ersetzte Friedrich I. das Komödiengemach seines Vorgängers durch ein barockes Theater, wo das barocke »Singe-Spiel« seine Heimstatt fand. Die Aufführungen waren ein Gesamtkunstwerk, das aus mehreren Elementen bestand: Dem akustischen und schauspielerischen Genuss der Aufführung stand gleichberechtigt die Bewegung der Bühnenmaschinerie mit unsichtbarer Hand gegenüber, die einen kompletten Wechsel des Bühnenbildes innerhalb von Sekunden erlaubte. Hinzu traten zahlreiche Effektmaschinen, wie eine Donner- oder eine Windmaschine. Prachtvolle Kostüme und Lichteffekte steigerten den Prunk der Aufführungen, die nicht nur ein künstlerischer Genuss waren, sondern vor allem auch im Dienst der Repräsentation standen. Diese einzigartige Maschinerie hat sich in Gotha bis heute funktionsfähig erhalten. Eine besondere Epoche brach für das Theater an, als 1774 die Schauspieltruppe des Abel Seyler an diesen Ort kam und fünf Jahre lang unter festem Vertrag stand. Der Truppe gehörten unter anderem auch der Vater der deutschen Schauspielkunst, Conrad Ekhof, und August Wilhelm Iffland an.

zuerkannt. Die Kleider teilte man zwischen den Siegern als Beute auf, und so gelangte der Stiefel in die Münchner Kunstkammer. Als 1632 die schwedischen Truppen vor München standen, in deren Gefolge sich auch die Ernestiner befanden, gehörte der Stiefel zur Kriegsbeute. Das bemerkenswerte Kleidungsstück gelangte somit wieder in die Hand der Ernestiner, die damit scheinbar die Schmach ihres Ahnen tilgten.

Während die Räume im Nordflügel des Schlosses ganz dem Stil des Hochbarocks folgen, sind die Räume im Westflügel dem Klassizismus verpflichtet. Anlässlich der bevorstehenden Hochzeit des Prinzen August mit Luise Charlotte von Mecklenburg-Schwerin 1797 ließ Herzog Ernst II. von Sachsen-Gotha-Altenburg (1745–1804) die umfangreiche Raumflucht Ende des 18. Jahrhunderts neu ausstatten. Einen bedeutenden Teil übernahm dabei der Gothaer Bildhauer Friedrich Wilhelm Doell, der zuvor unter anderem bei dem französischen Bildhauer Jean-Antoine Houdon in Paris studiert hatte. Wandgestaltung, Fußböden und Decken sind alle dem neuen, an der Antike orientierten Stil verpflichtet. Das Mobiliar, unter anderem von dem wohl bedeutendsten deutschen Möbelkünstler, David Roentgen, wurde extra für die Räume angefertigt. Der Legende nach soll Kaiser Napoleon I. bei seinen Aufenthalten in Gotha im Schlafzimmer der Raumfolge übernachtet haben.

Weiterhin können in Schloss Friedenstein das Museum der Natur und das Historische Museum besichtigt werden. Während die erste Einrichtung aus den herzoglichen Sammlungen hervorging, handelt es sich bei der zweiten um eine bürgerliche Gründung, in der man sich über die Geschichte des Herzogtums und seiner Bewohner informieren kann. Empfohlen sei auch ein Rundgang durch die ausgedehnten Gartenanlagen, die Schloss Friedenstein umgeben, vor allem aber auch ein Besuch des Herzoglichen Museums.

Herzogliches Museum

Das Herzogliche Museum wurde zwischen 1864 und 1879 errichtet und zeigte ursprünglich die gesamten Sammlungen aus Natur und Kunst des herzoglichen Hauses. 1945 transportierte man die Kunstsammlungen in die Sowjetunion ab, von wo sie allerdings in großen Teilen in den 1950er Jahren wieder zurück nach Gotha gelangten. Das Museum aber wurde fortan ganz von den naturkundlichen Sammlungen eingenommen. Dank umfangreicher Förderung durch die Bundesrepublik Deutschland, den Freistaat Thüringen und die Stadt Gotha konnte der elegante historistische Bau jüngst saniert werden, um hier seit 2013 wieder die Kunstsammlungen zu zeigen.

Das Souterrain ist ganz der Antike vorbehalten. Die ägyptische Sammlung bildet dabei eine der ältesten Sammlungen ihrer Art in Europa. Nicht minder bedeutsam ist die Sammlung der griechischen Vasen, wie es auch gilt, die Korkmodelle römischer Bauten der Antike aus dem 18. Jahrhundert hervorzuheben. Das Erdgeschoss zeigt die Skulpturensammlungen, unter anderem die größte Sammlung des französischen Bildhauers Jean-Antoine Houdon außerhalb des Louvre. Zu den besonderen Schätzen zählen zudem die große bronzene Figurengruppe des Farnesischen Stiers von Adrian de Vries und das in jeglicher Hinsicht einmalige Skulpturenpaar Adam und Eva von Conrat Meit.

Im Obergeschoss findet man nicht nur die keramischen Sammlungen, wie italienische Fayencen, Böttgersteinzeug und Meißener Porzellan, sondern auch Schätze Chinas und Japans. Den Höhepunkt bildet aber hier vor allem die Gemäldesammlung. Neben den niederländischen Gemälden – darunter Werke von Peter Paul Rubens und Jan van Goyens – sollte die Aufmerksamkeit der deutschen Malerei gelten. Hier findet man Meisterwerke von Caspar David Friedrich und Johann Heinrich Tischbein d. Ä.

Im Zusammenhang mit Luther und der Reformation stehen vor allem die Werke Lucas Cranachs d. Ä., des Hofmalers der Ernestiner. Der größte Teil der hier gezeigten Gemälde war bereits Teil des Erbes Ernsts des Frommen und lässt sich schon seit dem 17. Jahrhundert auf dem Friedenstein nachweisen. Von besonderer Bedeutung ist das Gemälde »Verdammnis und Erlösung«. Ein abschließender Blick während des Rundgangs sollte noch dem weltberühmten Gothaer Liebespaar gelten, einem Meilenstein der deutschen Kunstgeschichte, und dem Gothaer Flügelaltar mit seinen 160 Bildtafeln, dessen Bildtexte der Bibelübersetzung nach Luther entnommen wurden. ●

▶ **PROF. DR. MARTIN EBERLE**
ist Stiftungsdirektor der Stiftung Schloss Friedenstein Gotha.

Verdammnis und Erlösung

Das allegorische Lehrbild »Verdammnis und Erlösung« (1529) von Lucas Cranach d. Ä. (1472–1553) gehört zu den herausragenden Kunstwerken des Herzoglichen Museums. Bei der Bildfindung wurde der Maler wohl von Luther und Melanchthon beraten. Es verkündet Luthers Lehre von der Rechtfertigung des Menschen vor Gott allein. Der Baum in der Bildmitte trennt die sich typologisch gegenübergestellten Ereignisse aus dem Alten und dem Neuen Testament. Auf der Seite des Gesetzes ist der Baum des Lebens vertrocknet, während er auf der anderen Seite – der Seite des Evangeliums – grünt. Der sündige Mensch wird links von Tod und Teufel ins Höllenfeuer gejagt, während Moses auf die Gesetzestafel verweist. Gegenüber lenkt Johannes der Täufer den Blick des Gläubigen auf Christus am Kreuz als Erlöser der Menschheit.

Gedächtnis der Reformation

Die Forschungsbibliothek Gotha verfügt über eine herausragende Sammlung reformationsgeschichtlicher Handschriften und gedruckter Werke

—

VON KATHRIN PAASCH

Nähern sich Reisende der Stadt Gotha, so sehen sie schon von Weitem die beiden Türme des Schlosses Friedenstein. Im barocken »runden« Ostturm des Schlosses hat die zur Universität Erfurt gehörende Forschungsbibliothek Gotha ihren Sitz. Sie zählt zu den großen historischen Bibliotheken in der Bundesrepublik Deutschland und bewahrt die gewaltigen Büchersammlungen des 1640 gegründeten Herzogtums Sachsen-Gotha (Altenburg), des bis in die 1770er Jahre politisch schwergewichtigsten unter den ernestinischen Herzogtümern. Es war jenes Herzogtum, das der Gothaer Kanzler, Staatstheoretiker und Gelehrte Veit Ludwig von Seckendorff als Modell seines weit verbreiteten »Teutschen Fürstenstaates« (1655) wählte.

Herzog Ernst I. (1601–1675) hatte die Bibliothek begründet, indem er seine in der Jugend gesammelten Werke im Westturm des Schlosses Friedenstein aufstellen ließ. Der von ihm in den 1640er und 1650er Jahren gelegte Grundstock wurde in den folgenden Jahrhunderten von den Gothaer Herzögen und Herzoginnen ausgebaut. Vermutlich zu Beginn des 18. Jahrhunderts zog die Bibliothek in den Ostturm des Schlosses um, wo sie seither aufbewahrt wird. Bis zum Erlöschen des Herzogshauses 1825 entstand eine bedeutende Sammlung aus allen Gebieten des menschlichen Wissens, die auch durch das Haus Sachsen-Coburg und Gotha im 19. und 20. Jahrhundert weitergeführt wurde.

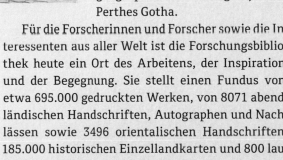

Verluste musste die Bibliothek besonders am Ende des Zweiten Weltkrieges hinnehmen, als ihre Spitzenstücke in westliche Richtung und etwa 330.000 Bände als Kriegsbeute in die Sowjetunion verbracht wurden. Kehrten zwar 1956 die Objekte aus dem Osten im Zuge der politischen Tauwetterperiode bis auf vermutete 25.000 Bände zurück, so werden doch vor allem die meisten der Spitzenstücke noch immer schmerzlich vermisst. Einen großen Zugewinn verzeichnete die Forschungsbibliothek 2003 durch die Übernahme der historischen Sammlungen des geographischen Verlages Justus Perthes Gotha.

Für die Forscherinnen und Forscher sowie die Interessenten aus aller Welt ist die Forschungsbibliothek heute ein Ort des Arbeitens, der Inspiration und der Begegnung. Sie stellt einen Fundus von etwa 695.000 gedruckten Werken, von 8071 abendländischen Handschriften, Autographen und Nachlässen sowie 3496 orientalischen Handschriften, 185.000 historischen Einzellandkarten und 800 laufenden Metern Archivalien bereit.

Sammlung zur Reformationsgeschichte

Den Kern der frühneuzeitlichen Bestände der Forschungsbibliothek Gotha bildet die umfangreiche und hochkarätige Sammlung von Handschriften und gedruckten Werken zur Reformationsgeschichte. Sie wurde durch die Herzöge von Sachsen-

◄ S. 26
Blick in die Büchersammlung der Forschungsbibliothek Gotha

◄
Das gemalte Porträt der Herzogin Dorothea Susanna von Sachsen-Weimar, einer wichtigen Akteurin in den innerlutherischen Konflikten der 2. Hälfte des 16. Jahrhunderts, deren Nachlass in der Forschungsbibliothek aufbewahrt wird

Titelblatt einer prachtvoll kolorierten Ausgabe des sogenannten Ernestinischen Bibelwerks, das unter Herzog Ernst I. von Sachsen-Gotha-Altenburg am Ende des 17. Jahrhunderts herausgegeben worden ist

Gotha-Altenburg, die sich als Bewahrer des lutherischen Erbes verstanden, vor allem im 17. und 18. Jahrhundert in der damaligen Herzoglichen Bibliothek stark ausgebaut. Für die Erstellung einer Geschichte des Luthertums durch Veit Ludwig von Seckendorff etwa ließen sie bis circa 1688 umfangreiches Material aus dem Ernestinischen Gesamtarchiv von Weimar nach Gotha kommen, das teilweise abgeschrieben oder zur Aufbewahrung in die Bibliothek gegeben wurde. Hierzu zählen Handschriften des Sekretärs Kurfürst Friedrichs des Weisen, Georg Spalatin (1485–1545), dessen privater Nachlass mit einem frühen Testament und dem eigenhändigen Verzeichnis seiner privaten Büchersammlung seit 1714 in Gotha nachgewiesen ist. Darüber hinaus beauftragten die Herzöge die in ihren

Diensten stehenden Bibliothekare, gezielt handschriftliche und gedruckte Quellen zu kaufen und in der Bibliothek zu sammeln.

Einen bemerkenswerten Zugewinn erhielt die reformationsgeschichtliche Sammlung nach dem Erlöschen des Herzogtums Sachsen-Altenburg und der Übernahme der umfangreichen Altenburger Bestände im Jahr 1672, mit denen auch zahlreiche Handschriften und gedruckte Werke aus den Bibliotheken des 1603 geteilten Herzogtums Sachsen-Weimar in die Gothaer Bibliothek gelangten.

Zu diesen Weimarer Beständen gehören die Nachlässe Herzog Johann Wilhelms von Sachsen-Weimar (1530–1573) und seiner Gemahlin Herzogin Dorothea Susanna (1544–1592), die nach dem Tod des Herzogs als Fürstinwitwe aktiv die lutherische Konfessionspolitik der Ernestiner fortsetzte und zu den wichtigen Akteuren in den innerlutherischen Konflikten zählte. Von Dorothea Susanna sind in der Forschungsbibliothek sowohl politische als auch private Dokumente überliefert, so ihr handschriftliches Glaubensbekenntnis von 1575, das von 80 Theologen reichsweit unterzeichnet wurde, und ein gedrucktes Werk mit Psalmen und Gebeten, das sie ihrem zwölfjährigen Sohn geschenkt hatte und das ein gemaltes Porträt von ihr ziert.

Im Jahr 1678 erwarb das Gothaer Herzogshaus die Nachlässe der Jenaer Theologen Johann Gerhard und Johann Ernst Gerhard sowie deren Privatbibliothek, die mit ihren ehemals 6000 und heute 4000 Bänden zu den großen Gelehrtenbibliotheken des 17. Jahrhunderts in Deutschland zählt.

Der letzte große Ausbau der Sammlung zur Reformationsgeschichte erfolgte schließlich im Zusammenhang mit dem 200. Jubiläum der Reformation 1717 unter Herzog Friedrich II. von Sachsen-Gotha-Altenburg. Dieser Ausbau ist vor allem mit dem Namen des lutherisch-orthodoxen Theologen und Direktors der Herzoglichen Bibliothek, Ernst Salomon Cyprian (1673–1745), verbunden. Cyprian dokumentierte alle Aktivitäten rund um das Reformationsjubiläum und edierte zahlreiche handschriftliche Quellen wie etwa die Chronik der Reformation, die von dem ersten Gothaer Superintendenten Friedrich Myconius (1490–1546) verfasst worden war. Auch ordnete Cyprian das seit Gründung des Herzogshauses gesammelte reformationsgeschichtliche Material. Dabei registrierte er zahlreiche Verluste: »Das wetter, die mäuse und länge der zeit haben einige 100. stücke unbrauchbar gemacht, und noch mehr sind geborget und nicht wieder erstattet, oder auch aus der bibliothèque selbst hinweg gestohlen worden, zumahl sie offt von einem orth zum andern gebracht werden müssen.«, schrieb er in seinem Werk »Nützliche Uhrkunden zur Erläuterung der ersten Reformations-Geschichte«. Darüber hinaus kaufte er wertvolle Autographen für die Sammlung an, darunter das eigenhändige Druckmanuskript Martin Luthers (1483–1546) zu seiner deutschen Übersetzung des Propheten Jeremia und das Prager Manifest Thomas Müntzers (1489–1525). Vor allem durch die Aktivitäten Cyprians besitzt die Forschungsbibliothek auch eine bemerkenswerte Sammlung zur Frühgeschichte des Pietismus, einer sich als Reformbewegung verstehenden Strömung im Protestantismus, deren entschiedener Gegner Cyprian war.

In einer Akte des Herzoglichen Geheimen Archivs, die heute im Thüringischen Staatsarchiv Gotha überliefert ist und Materialien Cyprians enthält, vermerkte er: »Ex pulvere collegi« – »Aus dem Staube habe ich dies aufgesammelt«, und dokumentierte damit für die Nachwelt einmal mehr, wie wichtig ihm die Bewahrung der Dokumente war. Unter Cyprians Leitung entstand ein Fundus zur Geschichte der protestantischen Bewegungen bis in das frühe 18. Jahrhundert. Cyprian machte die Bibliothek zu einem frühen Zentrum der Reformationsforschung und zum Gedächtnis der Reformation.

Reformationshandschriften als Kern der Sammlung

Den Kern der reformationsgeschichtlichen Sammlung bilden die 260 sogenannten Reformationshandschriften, in denen mehr als 15.800 Einzelstücke des 16. und beginnenden 17. Jahrhunderts enthalten sind. Sie stammen vor allem aus dem Umfeld der Wittenberger Reformation und zeugen zugleich

LVCAE OPVS. EFFIGIES HAEC EST MORITVRA LVTHER
AETHERNAM MENTIS EXPRIMIT IPSE SVAE
·M·D·X·X·I·

von den internationalen Beziehungen der Theologen und politischen Akteure untereinander. Darüber, wie sie in die Gothaer Bibliothek gelangten, und über ihre Inhalte sind wir detailliert durch die jüngsten Forschungen des Reformationshistorikers Daniel Gehrt informiert.

Die bedeutendsten handschriftlichen Dokumente sind die etwa 1100 Briefe Martin Luthers, die im Original oder in zeitgenössischen Abschriften überliefert wurden und damit ein Viertel aller weltweit überlieferten Briefe Luthers bilden. Hinzu kommen etwa 7000 Tischreden Luthers. Und auch die Namenliste der Empfänger und Absender von Briefen, die sich in den Reformationshandschriften finden, ist lang. Sie liest sich wie das Who is who der Reformation und ihrer Nachwirkungen im 16. Jahrhundert: Überliefert sind unter anderem Autographen von Nikolaus von Amsdorf, Johann Arndt, Johannes Aurifaber, Johannes Bugenhagen d. Ä., Martin Chemnitz, Paul Eber, Matthias Flacius Illyricus, Eobanus Hessus, Justus Jonas, Andreas Karlstadt, Johann Lang, Philipp Melanchthon, Justus Menius, Thomas Müntzer, Friedrich Myconius, Caspar Peucer, Stefan Reich, Georg Rörer, Georg Spalatin, Cyriakus Spangenberg und bis zu Johann Wigand. Die Gegenreformation ist mit Autographen von Thomas Cajetan, Petrus Canisius, Stanislaus Hosius, Karl von Miltitz und Julius Pflug vertreten. Darüber hinaus finden sich umfangreiche Teilnachlässe der reformierten Theologen Jean Calvin und Theodor Beza sowie weitere Quellen zum Calvinismus in Frankreich und der Schweiz.

Daneben beinhaltet die Sammlung zahlreiche Quellen aus deutschen Universitäten, vor allem aus Frankfurt an der Oder, Helmstedt, Jena, Leipzig, Marburg, Rostock, Tübingen und Wittenberg, waren doch die Universitäten wichtige institutionelle Träger der Reformation. Statuten und Bekanntmachungen werden ergänzt durch Vorlesungen, Disputationen und Zeugnisse. Da die Kirchenreformen mit Hilfe der weltlichen Obrigkeit durchgeführt wurden, sind auch Materialien, die die enge Zusammenarbeit oder die Auseinandersetzungen zwischen Kirche und Politik dokumentieren, in großer

◀ Dieses Porträt Martin Luthers, das von Lucas Cranach d. Ä. 1521 geschaffen wurde, ist in einem der Bände der von Ernst Salomon Cyprian angelegten Autographensammlung eingeklebt

Zahl vorhanden. Darüber hinaus enthalten die Handschriften nicht nur hochpolitische Angelegenheiten, sondern zeugen zugleich von der religiösen Durchdringung aller Lebensbereiche. Die Nachlässe der für die frühe Reformationsgeschichtsschreibung bedeutenden Gelehrten Wilhelm Ernst Tentzel (1659–1707), Christian Schlegel (1667–1722) und Ernst Salomon Cyprian selbst, dessen große private Büchersammlung nach seinem Tod 1745 jedoch nicht vom Herzogshaus angekauft worden war, ergänzen die Quellen.

Weitere wertvolle Bestände: Theologie, Bildung, Musik

Die einzigartige handschriftliche Sammlung zur Reformationsgeschichte wird durch weitere Bestände sinnvoll erweitert: Dazu zählen die umfangreichen Sammlungen an gedruckten Werken des 16., 17. und 18. Jahrhunderts und die handschriftlichen und gedruckten bildungsgeschichtlichen Quellen.

Unter den gedruckten Werken dominieren die Schriften des orthodoxen Luthertums mit seinen führenden Theologen, aber auch die gegnerischen Schriften der Reformierten, Pietisten, Jesuiten und Sozinianer sind in großer Zahl vorhanden. Und natürlich wurden in der Herzoglichen Bibliothek unzählige Bibeln, Bibelübersetzungen und Bibelkommentare gesammelt. Auch das von Herzog Ernst I. von Sachsen-Gotha 1641 veranlasste sogenannte Ernestinische Bibelwerk wird in einer prachtvoll kolorierten Ausgabe in der Bibliothek bewahrt. Wie wichtig der Gesang in Gottesdienst und privater Andacht war, zeigen die mehr als 3000 Gesangbücher, die vor allem auf die Sammlung des Arnstädter lutherischen Superintendenten Johann Christoph Olearius (1688–1747) zurückgehen. Aus der Gesangbuchsammlung ragen heraus das sogenannte Achtliederbuch, das 1524 herausgegeben wurde und am Beginn der Geschichte des evangelischen Gesangbuches steht, und das so genannte Go-

thaer Chorbuch Johann Walters (1496–1570), eine Handschrift, die das mehrstimmige gottesdienstliche Repertoire im protestantischen mitteldeutschen Raum um 1550 enthält.

Unter den Musikalien findet sich das umfangreiche Werk des Musikers Gottfried Heinrich Stölzel (1690–1749), der als Gothaer Hofkapellmeister die höfisch-protestantische Musikkultur in Mitteldeutschland prägte. Besonders ins Auge fallen die prachtvoll gestalteten Einbände einiger gedruckter Werke, die nicht nur vom Gestaltungswillen und den finanziellen Möglichkeiten ihrer Besitzer, sondern auch von deren tiefer Frömmigkeit zeugen. Weniger schmuckvoll, dabei aber nicht weniger beeindruckend sind die zahllosen, meist nur wenige Seiten umfassenden gedruckten Leichenpredigten, die neben der eigentlichen Trauerpredigt auch biographische Notizen zu dem oder der Verstorbenen enthalten und uns einen Einblick in das Leben und Sterben der Menschen im 16., 17. und 18. Jahrhundert, vor allem in den protestantischen deutschen Gebieten, ermöglichen.

Zu den bedeutenden bildungsgeschichtlichen Quellen der Forschungsbibliothek zählen die zahlreichen Materialien zum Gothaer und protestantischen Schulwesen des mitteldeutschen Raumes seit dem 16. Jahrhundert. Sie zeugen von den wichtigen bildungspolitischen Impulsen, die von Gotha und seinem Gymnasium illustre ausgingen, sowie von den Aktivitäten Herzog Ernsts I., der frühzeitig unter anderem die allgemeine Schulpflicht für Jungen und Mädchen einführte. Neben Briefwechseln, Gutachten, Stellungnahmen, Schulordnungen und unterrichtsmethodischen Entwürfen wird seit 1945 auch die etwa 50.000 Bände zählende Gymnasialbibliothek in der Forschungsbibliothek aufbewahrt. Die Sammlung zählt heute zu den größten ihrer Art in Deutschland. Nicht zu vergessen sind die Nachlässe von Bildungstheoretikern und -praktikern von überregionalem bzw. europäischem Rang wie der des Gothaer Schulgelehrten Andreas Reyher (1601–1673) und der des Didaktikers Wolfgang Ratke (1571–1635).

Bedeutende Forschungsstätte für die Kulturgeschichte des Protestantismus

Die reformationsgeschichtliche und die mit ihr verbundenen Sammlungen stellen heute einen repräsentativen Bestand an Handschriften, Nachlässen, Autographen und gedruckten Werken zu den geistesgeschichtlichen Grundlagen und der Formierungsphase der Reformation, zu ihrer Wirkungs- und Rezeptionsgeschichte bis zur Mitte des 18. Jahrhunderts sowie zur Lebenswelt des Protestantismus von seinen Anfängen bis in das ausgehende 18. Jahrhundert bereit. Sie sind in einen Raum dichter Überlieferung archivalischer und gegenständlicher Quellen auf Schloss Friedenstein und in den ehemaligen ernestinischen Territorien eingebettet. Ihnen verdankt die Forschungsbibliothek Gotha heute den Rang einer Referenzsammlung für die Geschichte des mitteldeutschen Protestantismus im 16., 17. und 18. Jahrhundert.

Aufgrund dieser bedeutenden handschriftlichen und gedruckten Überlieferung wird die Forschungsbibliothek Gotha gegenwärtig im Rahmen der von der Deutschen Forschungsgemeinschaft aufgelegten Aktionslinie zur Förderung herausragender Forschungsbibliotheken und im Rahmen der Reformationsdekade zum 500. Jubiläum der Reformation 2017 zu einer Forschungs- und Studienstätte für die Kulturgeschichte des Protestantismus in der Frühen Neuzeit ausgebaut und macht mit Erschließungs- und Digitalisierungsprojekten, Tagungen, Publikationen und Ausstellungen auf ihre Schätze aufmerksam. ●

▶ **DR. KATHRIN PAASCH**
   leitet die zur Universität Erfurt gehörende Forschungsbibliothek Gotha.

Axel Dornemann (Hrsg.)
»Als stände Christus neben mir«
Gottesdienste in der Literatur
Eine Anthologie
288 Seiten | 13 x 21,5 cm
Hardcover | Fadenheftung
€ 19,80
ISBN 978-3-374-03876-3

Ein interessantes Lesebuch zum Verschenken und selber Schmökern

Seit 2.000 Jahren feiern Christen Gottesdienste. Sehr schnell wurde aus dem Kirchgang auch ein gesellschaftliches Ereignis, was Dichter auf den Plan rief, zumal das Rituelle der Liturgie und ihre Grundlage, die Bibel, viel mit Kunst und Literatur zu tun haben.

Hier blicken u. a. Annette v. Droste-Hülshoff, George Eliot, Theodor Fontane, die Gebrüder Grimm, Jaroslav Hašek, Ricarda Huch, Søren Kierkegaard, Leo Tolstoj oder Philip Roth durch die Kirchenfenster.

Sonja Poppe
Bibel und Bild
Die Cranachschule als Malwerkstatt der Reformation
120 Seiten | 23 x 20 cm
Hardcover | Fadenheftung
€ 18,80
ISBN 978-3-374-03795-7

Reformation – Bild und Bibel Themenjahr 2015

Lucas Cranach der Ältere und der Jüngere sind die Maler, die bis heute unsere Vorstellung von Martin Luther prägen. Fast alle bekannten Lutherporträts stammen aus der Manufaktur der erfolgreichen Unternehmer. Indem sie die Reformatoren Wittenbergs und ihre protestantischen Ideen ins Bild setzten, trugen sie wesentlich dazu bei, die reformatorischen Gedanken populär zu machen.

Die Reformation war auch eine Medienrevolution. Eine neue Wort- und Bildsprache entstand. Passend zum Themenjahr »Reformation – Bild und Bibel« nimmt dieses Buch einige Werke zu biblischen und reformatorischen Themen in den Blick. Durch ihre eingängige Bildsprache begeistern diese Bilder auch heute noch!

Ideelles Fundament der Macht

Das Thüringische Staatsarchiv Gotha bewahrt wichtige Dokumente zur Geschichte des Herzogtums Gotha und der Reformation auf

VON LUTZ SCHILLING UND STEFFEN ARNDT

Waren Kunstkammer und Bibliothek eines Schlosses Orte der Repräsentation und Bildung, so diente das Archiv als sein Gedächtnis und legitimierte mit seinen Dokumenten den Herrschaftsanspruch der Hausherren. Die Archivalien aus der Geschichte des Herzogshauses legten Zeugnis für die gute Regierung der Vorfahren ab und sicherten aktuell die Verwaltungskontinuität des jeweiligen Herrschers, belegten Gebietsansprüche und dokumentierten die Steuereinnahmen. Erst nach der Französischen Revolution begann man, Archive in Europa auch für die Wissenschaft zu öffnen.

Obwohl das Archiv im Gothaer Schloss Friedenstein mit seinen reichen Beständen große Flächen in verschiedenen Flügeln und Etagen des Schlosses einnahm, war sein Herz das »Geheime Archiv« im Erdgeschoss der Nordwestecke des Nordflügels. Hier wurden seit Ernst dem Frommen jene Akten und Urkunden aufbewahrt, die bis heute die Arbeit der herzoglichen Verwaltung dokumentieren. Schon bei Planung und Bau der Schlossanlage war man sich der Bedeutung der Institution »Archiv« bewusst gewesen. Wohl kaum ein anderer Raum im Gebäude hat stärkere Außenmauern und massivere Metalltüren.

Der Standort des Archivs im Erdgeschoss des Hauptgebäudes bringt die Geisteshaltung des Bauherrn zum Ausdruck. Im gegenüberliegenden Gebäudeteil befindet sich die Schlosskirche und mittig über beiden im Gebäude der repräsentative Festsaal, der auch oft als Thronsaal bezeichnet wurde. Die Basis der Macht, das ideelle Fundament seines »Thronens« bringt der protestantische Herrscher auch baulich durch die Gebäudestruktur zum Ausdruck, das heißt, er gründet sein Staatsgefüge auf Recht (Archiv) und Glaube (Kirche).

Ursprung in der Gründung des Herzogtums Gotha

Der Ursprung des heutigen Staatsarchivs ist eng verbunden mit der 1640/41 erfolgten Gründung des Herzogtums Gotha. Nach Übernahme der Urkunden, Amtsbücher und Akten aus dem gemeinschaftlichen ernestinischen Archiv in Weimar für das Gebiet des neuen Herzogtums wurden diese wohl zuerst im Rathaus aufgestellt. Hier residierte auch der erste Herzog, Ernst der Fromme, bis zur Fertigstellung des Schlosses Friedenstein. Wie erwähnt, war in den Bauplänen von 1643 bereits ein »Archivgewölbe« vorgesehen, das wahrscheinlich zwischen 1646 und 1649 bezogen wurde. Der Herzog überwachte persönlich dessen Einrichtung und schuf auch die erste Stelle eines hauptamtlichen Archivars. Das »Geheime Archiv« wurde 1840 in »Herzoglich Sächsisches Haus- und Staatsarchiv« umbenannt und war im Wesentlichen die Registratur des Geheimen Rates, der obersten Regierungsbehörde des Herzogtums. Erst nach dem Ende der Monarchie wurden auch die Registraturen der in Gotha aufgelösten weiteren Behörden des 1826 gebildeten Herzogtums Sachsen-Coburg und Gotha übernommen. Nach der Gründung des Landes Thüringen im Jahre 1920 wurde das bisherige Archiv ab 1921 als »Thüringisches Staatsarchiv Gotha« fortgeführt, das seit 1926 dem Direktor der Thüringischen Staatsarchive in Weimar unterstellt war. Mit dem Ende des Zweiten Weltkrieges 1945 kamen noch die Archivbestände des 1816 gebildeten preußischen Regie-

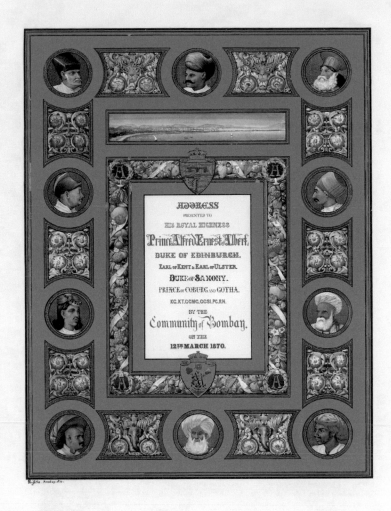

rungsbezirks Erfurt hinzu. Das Gothaer Archiv wurde 1951 in »Landesarchiv«, 1965 in »Historisches Staatsarchiv« umbenannt und seit 1976 als Außenstelle Gotha des Staatsarchivs Weimar geführt. Seit 1994 ist es unter dem alten Namen »Thüringisches Staatsarchiv Gotha« wieder eine eigenständige Landesbehörde.

Für die Zeit vor 1918/20 erstreckt sich die Zuständigkeit auf das Herzogtum Gotha und dessen Vorgängerterritorien. Im 1920 gegründeten Land Thüringen war das Staatsarchiv Gotha für staatliche Mittel- und Unterbehörden in den Landkreisen Gotha und Eisenach zuständig. Nach 1952 war es nur noch historisches Archiv und hatte keinen Sprengel mehr. Erst im Freistaat Thüringen seit 1990 besitzt das Staatsarchiv Gotha wieder die Zuständigkeit für rund 50 mittlere und untere Landesbehörden und für nachgeordnete Behörden des Bundes mit Sitz in den Landkreisen Gotha, Eichsfeld und Unstrut-Hainich-Kreis.

Im Staatsarchiv Gotha werden heute ca. 9000 Urkunden, 9500 Regalmeter Akten und ca. 60.000 Karten, Pläne und Risse verwahrt. Das Archiv verfügt ferner über eine Dienstbibliothek von ca. 12.000 Büchern, eine Sammlung von 760 Titeln Amtsdrucksachen und ca. 200 laufenden Metern Zeitungen und Zeitschriften. Der zeitliche Umfang erstreckt sich vom ältesten echten Dokument 1092 bis zu den aktuellen Übernahmen aus Landes- und Bundesbehörden. Verwahrt werden Papst- und Kaiserurkunden, Verwaltungsakten, Briefe und amtliche Schreiben von Ludwig XVI. von Frankreich, Friedrich dem Großen, Napoleon, Goethe, Bismarck, bis hin zu modernen Datenträgern, wie Videos und Tonbändern.

Besondere Bedeutung kommt den Beständen des 19. Jahrhunderts zu, da hier ein Teil des Schriftwechsels und der Verwaltungsakten des Hauses Sachsen-Coburg und Gotha mit seinen umfangreichen Familienbeziehungen zum internationalen Hochadel verwahrt werden, deren Korrespondenzen von Russland über Indien bis Mexiko und Brasilien reichten.

Insgesamt enthält das Archiv Bestände von über 800 verschiedenen Behörden, die durch Findbücher, Karteien oder Onlinedatenbanken erschlossen sind. Konkret sind ca. 30 Prozent, das entspricht etwa 60.000 Aktentiteln, über das Internetportal »Archive in Thüringen« abrufbar. Dazu kommen derzeit noch Drucksachen, Bücher und Zeitungen sowie die Titel von ca. 40.000 Karten auf der Internetseite des Staatsarchivs Gotha. Mehrere Spezialinventare zu herzoglichen Bediensteten und Ordensträgern ergänzen das stets wachsende Angebot an elektronischen Findmitteln. Einige wenige ausgewählte Archivalien und Sammlungen, z. B. Coburger Fourierbücher und Georgenthaler Urkunden, sind bereits digitalisiert und über verschiedene Archivportale recherchierbar.

Grußadresse der Friedensrichter von Bombay an Herzog Alfred von Sachsen-Coburg und Gotha 1870

Blick in die alten
Archivräume im
Schloss Friedenstein

Verleihung der Goldenen Rose an Friedrich den Weisen

Zu den Schlüsseldokumenten der Reformation zählt eine im Staatsarchiv Gotha befindliche Urkunde Papst Leos X. an Kurfürst Friedrich III., den Weisen, zur Verleihung der Goldenen Rose und zur Verfolgung von Martin Luther aus dem Jahr 1518. Friedrich regierte von 1486 bis 1525 als Kurfürst von Sachsen und gehörte zu den maßgeblichen Unterstützern Luthers. Nach Kaiser Maximilians Tod 1519 führte er das Reichsvikariat und war so angesehen, dass ihm die Kaiserkrone angeboten wurde. Allerdings erkannte Friedrich, dass die Wettiner nicht über eine solche Hausmacht wie die Habsburger verfügten, um das Heilige Römische Reich sicher durch die von den Türken und Franzosen ausgehenden schweren Bedrohungen zu steuern. Außerdem hatte er sich als Förderer Luthers die Feindschaft des Klerus zugezogen.

Ursprünglich konnte man Friedrich den Weisen einen frommen Katholiken nennen, hatte er doch noch 1493 eine Wallfahrt in das Heilige Land unternommen und in Wittenberg einen großen Reliquienschatz angesammelt. Allerdings lehnte er die fi-

nanzielle Ausplünderung seiner Untertanen durch einen exzessiven Ablasshandel ab, der gerade durch den Kurfürsten von Mainz, Albrecht von Brandenburg, betrieben wurde.

Die römische Kurie hatte zunächst die Auswirkungen der Thesen Luthers zum Ablasshandel von 1517 unterschätzt. Es hatte schon oft innerkirchliche Kritik am ausschweifenden Leben der Renaissancepäpste gegeben, aber gerade die Medici schienen sich dem von Leo X. geprägten Motto hinzugeben: »Da Gott Uns das Pontifikat verliehen hat, so lasst es Uns denn genießen.« Nachdem aber auch in Rom die großen Gefahren erkannt wurden, die von der Reformation ausgingen, versuchte man mit allen Mitteln, Martin Luther zu bekämpfen.

Zu diesem Zweck wandte sich Papst Leo X. an Friedrich den Weisen, um ihm die geweihte Goldene Rose zu verleihen – eine Auszeichnung, die Personen mit besonderen Verdiensten um den Glauben vorbehalten war. Der päpstliche Gesandte Karl von Miltitz sollte im Gegenzug erreichen, dass Friedrich gegen die lutherischen Lehren einschritt und den widerspenstigen Mönch festsetzen ließ. Wie sehr die römische Kurie Luther fürchtete, kommt in der Bezeichnung als Sohn des Teufels zum Ausdruck.

34 ORTE DER REFORMATION

Friedrich der Weise nahm zwar die Goldene Rose an, ließ sich aber nicht von seiner Unterstützung für Luther abbringen.

Visitationsprotokoll von Friedrich Myconius

Für die Umsetzung der Reformation im Gothaer Land erlangte Friedrich Myconius (▶ S. 48) überragende Bedeutung. Er wurde 1490 in Lichtenfels am Main geboren. Aufgrund seiner großen Talente besuchte er die Lateinschule in Annaberg. 1516 wurde Myconius in Weimar zum Priester geweiht und trat darauf in den Franziskanerorden ein. Dort geriet er bald in Konflikt mit seinen Ordensbrüdern, da er sich zu den Lehren Luthers bekannte. Myconius musste daher 1524 nach Zwickau flüchten. Auf Vermittlung Luthers wurde er als Pfarrer in Gotha angestellt; er blieb bis zu seinem Tode im Jahr 1546 in Gotha. Kurfürst Johann Friedrich der Großmütige schätzte Myconius hoch. Zu dessen ersten Aufgaben in Gotha gehörte die Umsetzung der Reformation sowohl in der Kirchenorganisation als auch im Schulwesen.

Die Reformation der Kirche erfolgte über Visitationen, d. h. die Pfarrer der Ämter wurden überprüft und nach ihrer fachlichen und persönlichen Qualifikation befragt. Außerdem überprüfte man die Katechismus-Kenntnisse der Gemeindemitglieder. Über die Ergebnisse und Maßnahmen zur Verbesserung wurden Protokolle angefertigt, die letztlich dem Oberkonsistorium Aussagen zum Gesamtzustand des Territoriums ermöglichten. Das im Staatsarchiv Gotha befindliche Visitationsprotokoll aus dem Jahr 1526 enthält die Resultate der Pfarrerüberprüfungen im Amt Tenneberg, die durch Friedrich Myconius vorgenommen wurden. Dabei handelte es sich um die erste Visitation dieses Amtes im Gothaer Land, wenige Jahre nachdem Luther überhaupt seine Thesen in Wittenberg publik gemacht hatte.

Die Visitation im Amt Tenneberg war für Myconius wenig erfreulich. Aussagen wie »ist ehlich, aber ungibilt, studirt nit« oder »ist noch nit ehlich, hat auch keyn kochin« sowie »hat eyn eynfeltig verstandt« oder »ist nit gebildt, geht liber mit vogel und widwerk umb den mit studieren« finden sich häufig.

Diese Berichte veranlassten die Landesverwaltung, immer wieder detaillierte Kirchen- und Schulordnungen herauszugeben, in denen nicht nur die fachlichen Angelegenheiten wie Gottesdienst oder Schulunterricht geregelt wurden, sondern auch in das Leben der Untertanen im Sinne der Wahrung von Sittlichkeit und Anstand eingegriffen wurde.

Papsturkunde für Friedrich den Weisen zur Verleihung der Goldenen Rose 1518

Umzug von Schloss Friedenstein ins PERTHESFORUM

Für das Staatsarchiv Gotha besitzt das Jahr 2015 mit dem Umzug vom Schloss Friedenstein in das PERTHESFORUM (▶ S. 36) wahrhaft historische Bedeutung. Nach rund 370 Jahren erhielt das Archiv komplett neue Räumlichkeiten, in die es seinen Bestand und alle Büro- und Werkstattbereiche einschließlich Lesesaal und Ausstellungsfläche verlagert hat. Nach mehreren Machbarkeitsstudien und Masterplänen für die Sanierung des Schlosses Friedenstein und der neuen Raumkonzeption war klar, dass eine zukunftsorientierte und kompakte Unterbringung des Archivs im Schloss nicht mehr erfolgen kann. Mit dem Aus- und Erweiterungsbau des PERTHESFORUMS besitzt das Staatsarchiv erstmalig für alle Räume klimatisch stabile Verhältnisse, für die wertvollsten Bestände eine Sprühnebellöschanlage sowie moderne Büro- und Arbeitsräume. Als Archiv der »kurzen Wege« konzipiert, wurden alle Funktionen so eng als möglich miteinander verbunden. ●

▶ **LUTZ SCHILLING**
 ist Direktor des Thüringischen Staatsarchives Gotha.

DR. STEFFEN ARNDT
 ist Archivrat im Thüringischen Staatsarchiv Gotha.

Geburtsort der modernen Kartographie

Gotha gehörte einst zu den Zentren von Kartographie und geographischer Wissenschaft, woran die »Sammlung Perthes« im PERTHESFORUM eindrucksvoll erinnert

—

VON PETRA WEIGEL

Auf den ersten Blick liegt es nicht auf der Hand, den Gothaer kartographisch-geographischen Verlag Justus Perthes unter den Orten der Reformation aufzuführen. Der Verlag entstand im Umfeld der höfischen Wissenskultur des Gothaer Hofes um 1800. Johann Georg Justus Perthes etablierte sein Unternehmen 1785 mit dem Verlag des »Gothaischen Hofkalenders«. Der »Gotha« wurde als das Standardhandbuch der europäischen Adelsgesellschaft zu einer der tragenden und profitabelsten Säulen des Verlages.

Ab den 1810er Jahren wandte sich Justus Perthes zunehmend der Produktion von Karten und Atlanten zu, mit denen er in der ersten Hälfte des 19. Jahrhunderts zu einem der führenden Kartenverlage aufstieg. Europäische und weltweite Ausstrahlung erlangte der Verlag spätestens 1855, als August Petermann mit den »Mittheilungen aus Justus Perthes' Geographischer Anstalt« die im 19. und frühen 20. Jahrhundert einflussreichste Fachzeitschrift der Geowissenschaften gründete. »Petermanns Geographische Mitteilungen« publizierten über Jahrzehnte hinweg die neuesten geographischen Forschungen und Entdeckungen zu den außereuropäischen Kontinenten und den Polargebieten. Sie veranschaulichten sie in Karten, die in ihrer geodätischen Qualität und graphischen Darstellung zu den Spitzenerzeugnissen der Kartographie des 19. Jahrhunderts zu rechnen sind.

Mit dieser Spezialisierung zu einem Kartenverlag knüpfte Justus Perthes unübersehbar an die naturwissenschaftlichen Traditionen des Gothaer Hofes an. 1787 hatte Herzog Ernst II. von Sachsen-Gotha-Altenburg die erste Sternwarte Deutschlands gegründet. Sie wurde unter dem Astronomen und Geodäten Franz Xaver von Zach zu einem europäischen Zentrum astronomisch-mathematischer Forschungen und kartographisch-geographischer Unternehmungen. Sie mündeten in die Herausgabe von Zachs »Allgemeinen geografischen Ephemeriden«, der ersten geographischen Fachzeitschrift überhaupt. Hier erschienen Karten, die an der Ausformung der neuzeitlichen Kartographie maßgebenden Anteil hatten. Sie beruhten auf den geodätischen Daten der Gothaer Sternwarte bzw. auf astronomisch-mathematischen Positionsbestimmungen, die von Zach weltweit zusammentrug.

Einer der engsten Mitstreiter von Zachs, der Gothaer Hofrat Adolf Stieler, begeisterte Justus Perthes für die Idee eines Atlas, als dessen Kriterien er u. a. »möglichste Genauigkeit, Deutlichkeit und Vollständigkeit, [...] Gleichförmigkeit der Projektionen und des Maßstabes« benannte. Adolf Stielers »Handatlas über alle Theile der Erde« sollte als einer der bedeutendsten topographischen Atlanten des 19. Jahrhunderts das Leitprodukt des Perthes Verlages werden und von 1817 bis 1945 in elf Ausgaben erscheinen.

An die Seite des »Stieler« traten weitere wirkmächtige thematische Atlanten, wie Heinrich Berghaus' »Physikalischer Atlas« (1838–1850) und der »Historisch-Geographische Handatlas« von Karl Spruner und Theodor Menke (1837–1852). Es folgten Taschenatlanten und zahlreiche Einzelkarten, unter denen Hermann Berghaus' »Chart of the World« (1863–1924) eines der bemerkenswertesten Zeugnisse der Ausstrahlung und des Anspruchs des Perthes Verlag darstellt. Die weltweit vertriebene, großformatige Wandkarte bildete erstmals das Phänomen globaler, weltweiter Vernetzung und Kommunikation des 19. Jahrhunderts ab und diente als Planungsinstrument in den Handelskontoren und Marineministerien der Welt. Schon seit 1821 verlegte Justus Perthes auch Schulatlanten. Das schulkartographische Programm wurde unter Emil von Sydow nach modernen didaktischen Prinzipien ausgebaut und erhielt vor allem durch Hermann Haack ab 1900 mit schuldidaktischen Zeitschriften und Wandkartenatlanten ein unverwechselbares, weithin beachtetes Profil.

Überblickt man das breite Spektrum der Produkte des Perthes Verlages, fallen auch Atlanten und Karten auf, die den Verlag näher in die Perspektive von Reformation und Protestantismus rücken. So hat sich erst in den letzten Jahren gezeigt, in welchem Umfang und welcher Qualität der Verlag Justus

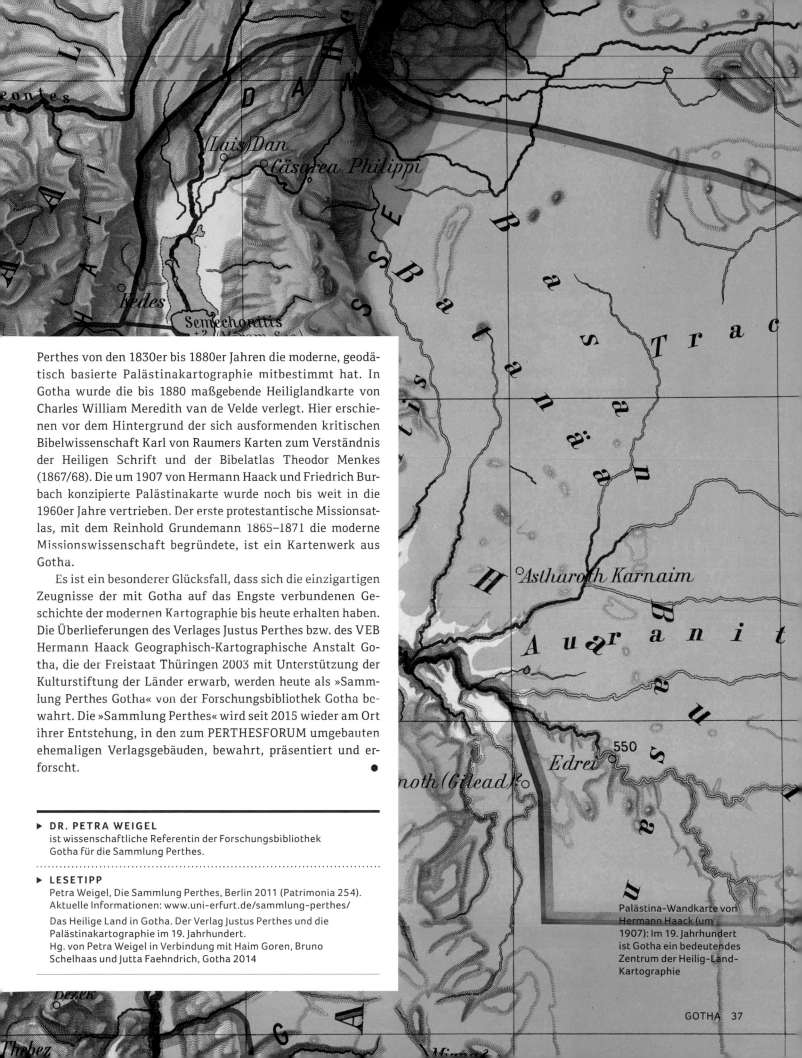

Perthes von den 1830er bis 1880er Jahren die moderne, geodätisch basierte Palästinakartographie mitbestimmt hat. In Gotha wurde die bis 1880 maßgebende Heiliglandkarte von Charles William Meredith van de Velde verlegt. Hier erschienen vor dem Hintergrund der sich ausformenden kritischen Bibelwissenschaft Karl von Raumers Karten zum Verständnis der Heiligen Schrift und der Bibelatlas Theodor Menkes (1867/68). Die um 1907 von Hermann Haack und Friedrich Burbach konzipierte Palästinakarte wurde noch bis weit in die 1960er Jahre vertrieben. Der erste protestantische Missionsatlas, mit dem Reinhold Grundemann 1865–1871 die moderne Missionswissenschaft begründete, ist ein Kartenwerk aus Gotha.

Es ist ein besonderer Glücksfall, dass sich die einzigartigen Zeugnisse der mit Gotha auf das Engste verbundenen Geschichte der modernen Kartographie bis heute erhalten haben. Die Überlieferungen des Verlages Justus Perthes bzw. des VEB Hermann Haack Geographisch-Kartographische Anstalt Gotha, die der Freistaat Thüringen 2003 mit Unterstützung der Kulturstiftung der Länder erwarb, werden heute als »Sammlung Perthes Gotha« von der Forschungsbibliothek Gotha bewahrt. Die »Sammlung Perthes« wird seit 2015 wieder am Ort ihrer Entstehung, in den zum PERTHESFORUM umgebauten ehemaligen Verlagsgebäuden, bewahrt, präsentiert und erforscht.   •

▶ **DR. PETRA WEIGEL**
   ist wissenschaftliche Referentin der Forschungsbibliothek
   Gotha für die Sammlung Perthes.

....

▶ **LESETIPP**
   Petra Weigel, Die Sammlung Perthes, Berlin 2011 (Patrimonia 254).
   Aktuelle Informationen: www.uni-erfurt.de/sammlung-perthes/

   Das Heilige Land in Gotha. Der Verlag Justus Perthes und die
   Palästinakartographie im 19. Jahrhundert.
   Hg. von Petra Weigel in Verbindung mit Haim Goren, Bruno
   Schelhaas und Jutta Faehndrich, Gotha 2014

Palästina-Wandkarte von
Hermann Haack (um
1907): Im 19. Jahrhundert
ist Gotha ein bedeutendes
Zentrum der Heilig-Land-
Kartographie

Über Geschmack lässt sich nicht streiten!

Gastronomie und Veranstaltungen

Ob knuspriger Thüringer Rostbrätl oder die berühmten Thüringer Klöße, eines gilt immer: Über Geschmack lässt sich nicht streiten. Auch nicht in der Residenzstadt Gotha!

Hier in Gotha, wo schon Luther, Cranach, Bach und Napoleon speisten, möchten wir Sie einladen, neben einer historischen auch eine kulinarische Reise zu unternehmen. Ob Sie nun Ihr Frühstück in einem der schönen Cafés oder eine Thüringer Bratwurst auf dem Marktplatz genießen, zum Mittag sich die Thüringer Küche munden oder den Abend mit Gaumenfreuden ausklingen lassen – hier finden Sie eine große Auswahl an Ideen, Tipps und Anregungen für Ihre ganz persönliche gastronomische Reise. Von gutbürgerlicher Küche über deftige Thüringer Hausmannskost bis zu ausgefeilten, pfiffigen Ge-

richten können Sie vielerlei Facetten von Thüringer bis internationaler Gastronomie entdecken. Ihre Gastgeber erwarten Sie in Gotha und freuen sich, Sie mit gewohnter Thüringer Gastlichkeit begrüßen und bewirten zu können.

An Unterhaltung mangelt es in der schönen Residenzstadt nicht. Im prall gefüllten Veranstaltungskalender der Stadt finden Sie zahlreiche Höhepunkte. Um Gotha in aller Ruhe zu erkunden und die zahlreichen Angebote auszukosten, empfiehlt es sich, in einem der zahlreichen Hotels, in Pensionen oder Ferienwohnungen zu übernachten.

▶ Die KulTourStadt Gotha GmbH bietet für Interessierte alle notwendigen Informationen unter www.kultourstadt.de an

Barockfest

Immer Ende August verwandelt sich Schloss Friedenstein in die farbenprächtige Residenz Herzog Friedrichs III. von Sachsen-Gotha-Altenburg. Seine Hochfürstliche Durchlaucht und seine Gemahlin Luise Dorothee sind mit ihrem Hofstaat anwesend, um sich mit ihren Gästen an den vielfältigen Darbietungen zu erfreuen.

▶ Stiftung Schloss Friedenstein Gotha

Ekhof-Festival

Nur zwei Monate im Jahr erwacht das barocke Ekhof-Theater auf Schloss Friedenstein aus seinem Dornröschenschlaf. Beim Ekhof-Festival im Juli und August wird ein Theaterstück aus dem 15. bis 18. Jahrhundert aufgeführt. Flankiert werden die Bühnenstücke von Konzerten und Theaterführungen. Den krönenden Abschluss bildet das Barockfest. Ab dem 1. November startet der Verkauf der begehrten Karten für das Folgejahr.

▶ Stiftung Schloss Friedenstein Gotha

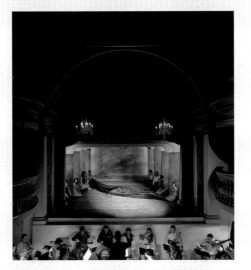

Kulturnacht

Abseits der eingetretenen Pfade lockt Anfang Juni die Gothaer Kulturnacht mit ausgewählten Darbietungen und traditionellen Programmen. Unter einem speziellen Motto gehen die Besucher jeweils nach individuellem Interesse auf eine nächtliche Reise durch die Stadt und erleben dabei Künstler aus nah und fern.

▶ KulTourStadt Gotha GmbH

Gothardusfest

Das große dreitägige Stadtfest in der Gothaer Innenstadt ehrt am 1. Maiwochenende St. Gothardus, den Schutzheiligen Gothas. Tausende Gäste erwartet ein Fest unter einem jährlichen Motto, inspiriert von der Geschichte der Residenzstadt.

▶ KulTourStadt Gotha GmbH

Museumsnacht

Museen der Stadt Gotha und der Stiftung Schloss Friedenstein Gotha öffnen an einem Freitagabend im Oktober ihre Türen. Die Besucher sind eingeladen, die Einrichtungen zu sanften Klängen sowie Beleuchtung zu besuchen und dabei den Geschichten und Berichten aus Geschichte, Kunst und Natur zu lauschen.

▶ KulTourStadt Gotha GmbH, Stiftung Schloss Friedenstein und Vereine der Stadt

Wichtelmarkt

Vier Wochen lang sorgt der »Gothaer Wichtelmarkt« für heimelige Atmosphäre auf den Märkten der Gothaer Innenstadt. Traditionelle Handwerkskunst sowie regional typische Speisen und Getränke verwöhnen die Besucher kulinarisch. Zahlreiche Sonderveranstaltungen und ein Bühnenprogramm an den Wochenenden schaffen eine angenehme Stimmung rund um das Thema Wichtel und Weihnachten. Der Neumarkt bietet den klassischen Familien-Weihnachtsmarkt mit Schaustellern, Kinderattraktionen und Ständen.

▶ KulTourStadt Gotha GmbH

Gotha glüht

Ende September werden die Gothaer und die Besucher der Stadt unter dem Motto »Gotha glüht« von den Schmiedefeuern des Internationalen Metallgestaltertreffens angelockt. Zusammen mit einem Handwerker- und Spezialitätenmarkt stimmt die dreitägige Veranstaltung mit Kulinarischem und Schmiedekunst auf die Herbstzeit ein.

▶ Verein »Gotha glüht« e. V.

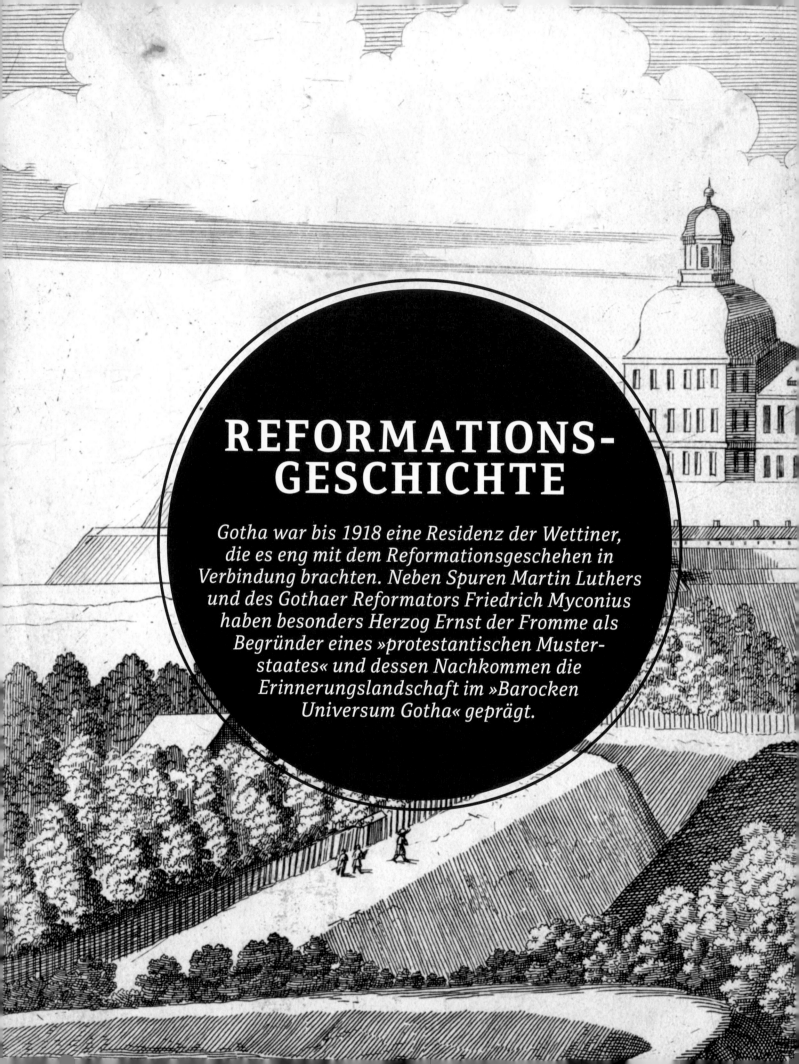

REFORMATIONS-GESCHICHTE

Gotha war bis 1918 eine Residenz der Wettiner, die es eng mit dem Reformationsgeschehen in Verbindung brachten. Neben Spuren Martin Luthers und des Gothaer Reformators Friedrich Myconius haben besonders Herzog Ernst der Fromme als Begründer eines »protestantischen Muster-staates« und dessen Nachkommen die Erinnerungslandschaft im »Barocken Universum Gotha« geprägt.

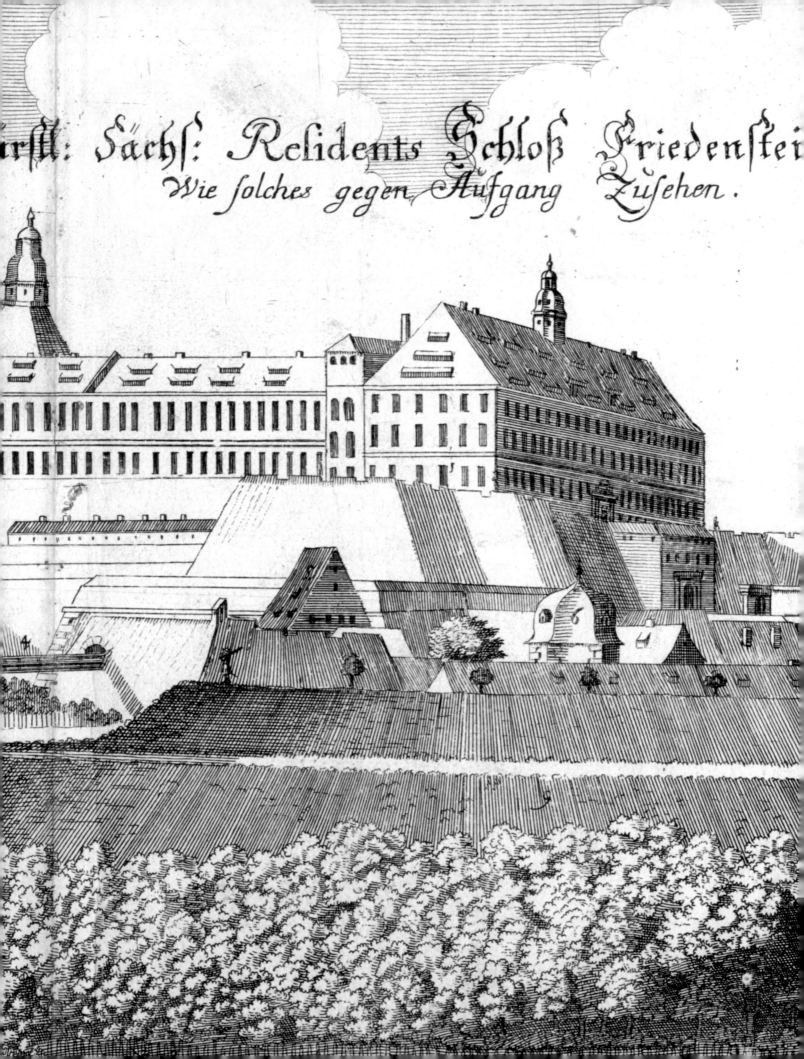

Fürstl: Sächs: Residents Schloß Friedenstei

Wie solches gegen Aufgang Zusehen.

Von der Reformation zum »Barocken Universum«

Gotha wurde mehr als sechs Jahrhunderte von den Wettinern beherrscht, die es in den Fokus der Reformationsgeschichte rückten und zur Residenz eines »protestantischen Musterstaates« formten
—

VON STEFFEN RASSLOFF

Martin Luther, von Lucas Cranach d. Ä. (1529), Herzogliches Museum Gotha

»**G**otha adelt.« Unter diesem Motto präsentiert sich heute die einstige wettinische Residenzstadt. Das ist nicht nur eine Anspielung auf das seit 1763 maßgebliche Nachschlagewerk zum europäischen Adel, wegen seines Erscheinungsortes kurz »der Gotha« genannt. Es trifft in vielerlei Hinsicht auf die Stadt mit ihrem imposanten Schloss Friedenstein zu, das heute zum Herzstück eines »Barocken Universums Gotha« profiliert wird. Hier residierten von 1826 bis 1918 auch die Herzöge von Sachsen-Coburg und Gotha, die für ihre verwandtschaftlichen Beziehungen zum internationalen Hochadel bekannt sind. Aber Gotha gehörte als Stadt der ernestinischen Kurfürsten auch zu den wichtigen Schauplätzen von Martin Luthers bewegter Biographie und der Reformationsgeschichte. Hier finden sich authentische Erinnerungsorte vom jungen Augustinermönch bis hin zum Reformator der Spätzeit. Sein Mitstreiter Friedrich Myconius ging als »Reformator Gothas« in die Geschichte ein. Nach dem Verlust der Kurwürde geriet Gotha 1567 noch einmal in den Brennpunkt der vergeblichen Bemühungen der Ernestiner, ihre politische Position zurückzugewinnen. Insbesondere aber machte Herzog Ernst der Fromme Gotha 1640 zur Residenz eines »protestantischen Musterstaates«, der bis ins 18. Jahrhundert das tonangebende ernestinische Herzogtum bleiben sollte.

Die Wettiner und die Reformation

Die Wettiner hatten im ausgehenden Mittelalter ein mächtiges Territorium erworben, das weite Teile der heutigen Länder Sachsen, Sachsen-Anhalt und Thüringen umfasste. Seit 1264 gehörte auch die alte thüringische Landgrafenstadt Gotha hierzu. Die wettinischen Markgrafen von Meißen konnten sich nach dem Aussterben des sagenumwobenen Landgrafengeschlechtes der Ludowinger nach einem blutigen Erbfolgekrieg 1247/64 deren Gebiete in Thüringen sichern.

Allerdings kam es nicht zur Festigung eines einheitlichen frühneuzeitlichen Staates. Ursache war die Teilungspraxis der Wettiner. Die Leipziger Teilung von 1485 zwischen den Brüdern Ernst und Albrecht spaltete den großen Länderkomplex dauerhaft in zwei Linien, aus denen schließlich die heutigen Länder Thüringen und Sachsen hervorgehen sollten. Der jüngere Albrecht erhielt die Markgrafschaft Meißen, Gebiete um Leipzig sowie einen Landstreifen im nördlichen Thüringen. Kurfürst Ernst übernahm das mit der Kurwürde verbundene Herzogtum Sachsen-Wittenberg, einen breiten Landstreifen bis nach Zwickau und ins Vogtland sowie die Gebiete in Thüringen um Altenburg, Weimar, Gotha, Eisenach und Coburg.

Unter Kurfürst Friedrich dem Weisen (reg. 1486–1525) zählte der ernestinische Staat mit seinen Hauptresidenzen Wittenberg, Torgau und Weimar zu den mächtigsten und angesehensten des Reiches.

Zugleich war das Kurfürstentum Sachsen zu einem der Hauptverfechter der 1517 einsetzenden Reformation geworden. Der Erfurter Augustinermönch Martin Luther (1483–1546) hatte 1511 seinen Lebensmittelpunkt nach Wittenberg verlegt, wo er die theologischen Grundlagen seiner Kirchenreform legte. 1515 in Gotha zum Distriktsvikar seines Ordens für Sachsen und Thüringen gewählt, besuchte er mehrfach das dortige Augustinerkloster (▶ S. 15).

Die sächsischen Kurfürsten schützten auch nach dem offenen Konflikt mit Papst und Kaiser auf dem Wormser Reichstag 1521 den geächteten Mönch. Zugleich wurde die konfessionelle Umgestaltung im Rahmen eines entstehenden Landeskirchenwesens in ihren Städten und Gemeinden rasch angegangen. In Gotha schränkte der Rat schrittweise die rechtliche und wirtschaftliche Stellung der Klöster und Stifte bis hin zu deren Auflösung ein. Seit 1521 entluden sich mehrfach schon länger bestehende Spannungen zwischen Bürgerschaft und Klerus. Dies gipfelte 1524 im »Bufleber Bierkrieg« und dem anschließenden »Pfaffensturm« auf das Kanonikerstift St. Marien. Nach diesen turbu-

Belagerung der Stadt Gotha und der Festung Grimmenstein 1567, unbekannter Meister (16. Jh.)

Ansicht der Residenz-
stadt Gotha mit
Schloss Friedenstein
von Südosten,
unbekannter Meister
(um 1767)

lenten Ereignissen rückte der Theologe Friedrich Myconius für gut zwei Jahrzehnte zum Reformator der Stadt auf, den Luther anerkennend als »Bischof von Gotha« bezeichnete (▸ S. 48). Er lenkte die Reformation in geordnete Bahnen und hatte auch Anteil daran, dass Gotha 1525 während des Bauernkrieges nicht zu Schaden kam. Bis weit ins 20. Jahrhundert sollte sich fortan nahezu die gesamte Bevölkerung zum evangelischen Glauben bekennen.

Im Schmalkaldischen Bund der protestantischen Reichsstände von 1531 übten die Kurfürsten Johann der Beständige (reg. 1525–1532) und Johann Friedrich der Großmütige (reg. 1532–1547) eine Führungsrolle aus. Allerdings kostete dies die Ernestiner im Schmalkaldischen Krieg 1546/47 ihre Machtstellung. Nach der Niederlage gegen Kaiser Karl V. und Herzog Moritz von Sachsen in der Schlacht bei Mühlberg an der Elbe am 24. April 1547 gingen die Kurwürde und alle nichtthüringischen Gebiete an die Albertiner über. Diesen gelang im Weiteren die Entwicklung des Kurfürstentums Sachsen zu einem einheitlichen Territorialstaat mit der Hauptstadt Dresden. Johann Friedrich verblieb

bis 1552 in kaiserlicher Gefangenschaft und residierte danach als Herzog von Sachsen in Weimar. 1567 scheiterte Johann Friedrichs Sohn, Herzog Johann Friedrich II. (reg. 1547–1567), bei dem Versuch, die verlorene Macht zurückzugewinnen. Gotha wurde hierbei zum Schauplatz des dramatischen Geschehens. Nach monatelanger Belagerung der Stadt musste der Herzog vor den kaiserlichen und kurfürstlich-sächsischen Truppen kapitulieren und ging in lebenslange Gefangenschaft. Sein Vertrau-

Das »Barocke Universum Gotha« gehört zu den kulturhistorischen Perlen Thüringens und bietet zahlreiche Schätze der Reformationszeit.

ter, Reichsritter Wilhelm von Grumbach, und Kanzler Christian Brück, ein Schwiegersohn von Lucas Cranach d. Ä., wurden auf dem Markt hingerichtet (▶ S. 16), die gewaltige Festung Grimmenstein geschleift.

In der Folgezeit spaltete sich der ernestinische Besitz dauerhaft in teilweise bis zu zehn Herzogtümer auf. Er trug so zum bunten Bild der thüringischen Kleinstaatenwelt bei, in der die Ernestiner eine gewisse Führungsrolle beanspruchten. Während die meisten territorial ähnlich zersplitterten Regionen etwa im benachbarten Franken mit dem Ende des Alten Reiches nach 1806 von der Landkarte verschwanden, blieben die thüringischen Kleinstaaten bis 1918/20 erhalten. Beginnend mit der Erfurter Teilung 1572 änderte sich dabei immer wieder die politisch-administrative Landschaft.

»Protestantischer Musterstaat«, liberale Nationalbewegung und europäischer Hochadel

Lange Zeit hat die preußisch-nationale Geschichtsschreibung die sprichwörtliche thüringische Kleinstaaterei negativ beurteilt. Heute betont man eher deren wichtige kulturelle Impulse. Beispielhaft hierfür steht Herzog Ernst I., der Fromme (reg. 1640–1675) (▶ S. 52). Er machte Gotha 1640 zur Residenz des neuen Herzogtums Sachsen-Gotha, das 1672 zum Herzogtum Sachsen-Gotha-Altenburg vergrößert wurde. Ernst ließ das gewaltige Schloss Friedenstein auf den Grundmauern des Grimmensteins erbauen und gab der Entwicklung des vom Dreißigjährigen Krieg verheerten Landes wichtige Impulse. In vielerlei Hinsicht kann man von einem »protestantischen Musterstaat« sprechen. Mit den wegweisenden Bildungsreformen ist besonders der Name Andreas Reyher (▶ S. 18) verbunden; inspiriert wurde hiervon auch der spätere Gründer der Franckeschen Stiftungen in Halle, August Hermann Franke (▶ S. 15), der zeitweise in Gotha lebte. Auf dem Fundament Ernsts des Frommen aufbauend blieb Sachsen-Gotha-Altenburg trotz zeitweiliger Aufsplitterungen bis weit ins 18. Jahrhundert das politisch und kulturell bedeutendste ernestinische Herzogtum.

Ernsts weniger sparsame Nachfolger Friedrich I., Friedrich II. und Friedrich III. gaben der Stadt von 1675 bis 1772 ihre Ausstrahlung als repräsentative barocke Residenz. Um Schloss Friedenstein, prächtig ausgestaltet und um zahlreiche Kulturschätze bereichert, entstanden weitere Repräsentationsbauten, eingebettet in eine harmonische Parklandschaft. Die hochgebildete Gattin Friedrichs III., Herzogin Luise Dorothee, machte Gotha Mitte des

---

Besuch bei Mutian

Der aus Homberg an der Efze stammende Konrad Muth alias Conradus Mutianus Rufus (1470–1526) galt seinen Zeitgenossen als einer der führenden Humanisten neben Erasmus von Rotterdam und Johannes Reuchlin. Der Sprössling einer Patrizierfamilie hatte an der Universität Erfurt studiert und danach Hochschulen in Italien besucht. 1502 fand er als Kanoniker an der Marienkirche in Gotha seinen Lebensmittelpunkt.

Mutians gastfreundliches Haus wurde zum Treffpunkt bekannter Humanisten, darunter Georg Spalatin und Ulrich von Hutten. Von Erfurt aus besuchten ihn Vertreter des Humanistenkreises um Helius Eobanus Hessus und Crotus Rubeanus. Euricius Cordus setzte der beschaulichen Gelehrtenklause mit seinen lateinischen Versen »Besuch bei Mutian« ein literarisches Denkmal. Allerdings musste das Haus wie auch die Marienkirche 1531 dem Ausbau der Burg Grimmenstein weichen.

Mutian, durchaus ein Kritiker kirchlicher Missstände, stand den Ideen Luthers dennoch distanziert gegenüber. Die gewaltsamen Ausschreitungen von Reformation und Bauernkrieg erreichten 1524/25 auch Gotha und verdunkelten seine letzten Lebensjahre. Die Haltung gegenüber Luther hat ebenso wie die Angewohnheit, selbst nicht zu publizieren, Mutians Nachruhm lange Zeit geschmälert.

▶ Lesetipp: Eckhard Bernstein, Mutianus Rufus und sein humanistischer Freundeskreis in Gotha, Köln/Weimar/Wien 2014

▶
Burg Grimmenstein
vor 1567

▼
Standbild Herzog
Ernsts II. im 2013
wiedereröffneten
Herzoglichen
Museum Gotha

18. Jahrhunderts zu einem Mittelpunkt des Kulturlebens. Sie stand in engem Austausch mit Geistesgrößen ihrer Zeit wie Voltaire und Friedrich der Große. Ihre religiöse Toleranz ermöglichte 1742 die Errichtung einer Niederlassung der Herrnhuter Brüdergemeine des Grafen von Zintzendorf in (Neu-)Dietendorf. Während unter Herzogin Anna Amalia und mit der Übersiedlung Johann Wolfgang Goethes 1775 das »Goldene Zeitalter« Weimars die thüringische Kulturlandschaft allmählich zu überstrahlen begann, setzte auch Gotha weiter Akzente. Unter Herzog Ernst II. (reg. 1772–1804), selbst Astronom und Mathematiker, erwarb es sich den Ruf eines Wissenschaftszentrums. Herzog August (reg. 1804–1822) ging als Anhänger Napoleons in die Geschichtsbücher ein. Mit seinem Nachfolger Herzog Friedrich IV. (reg. 1822–1825) starb die Linie Sachsen-Gotha-Altenburg aus.

1826 entstand das in Personalunion von einem Monarchen regierte Doppelherzogtum Sachsen-Coburg und Gotha. Mit Ernst I. (reg. 1826–1844) beginnend residierten die Herzöge abwechselnd in den beiden Hauptstädten. Unter Ernst II. (reg. 1844–1893) stieg Gotha zu einem Zentrum des Liberalismus und der Nationalbewegung auf. Hier fand 1861 das erste Deutsche Schützenfest statt; seit 1851 lebte der liberale Schriftsteller Gustav Freytag mit Unterstützung des Herzogs im heutigen Gothaer Vorort Sieb-

leben. An die großen kulturellen Leistungen seiner Vorfahren knüpfte Ernst II. unter anderem mit dem 1879 eingeweihten Herzoglichen Museum an (▶ S. 20) und pflegte auch die protestantischen Traditionen seines Hauses. Zugleich wandelte sich Gotha in der zweiten Hälfte des 19. Jahrhunderts zur modernen Industriestadt (1850: 14.000 Einwohner, 1900: 34.000) mit einer starken Arbeiterbewegung. 1875 fand hier der wegweisende Vereinigungsparteitag der Sozialdemokratie statt.

Obwohl die Ernestiner kaum noch politisches Gewicht besaßen, knüpfte das Herzogshaus Sachsen-Coburg und Gotha rasch ein einmalig dichtes Netz europaweiter dynastischer Verbindungen. So wurde 1831 Prinz Leopold, Bruder Herzog Ernsts I., erster König der Belgier. 1840 heiratete Prinz Albert, Bruder Herzog Ernsts II., die britische Königin Victoria. Deren Nachkommen stellen bis heute in Belgien und Großbritannien das Königshaus. Vom portugiesischen König bis zum bulgarischen Zaren erlangten Coburg-Gothaer weitere hochadelige Spitzenstellungen und waren mit fast allen großen Fürstenhäusern verwandt.

Herzog Ernst der Fromme machte Gotha 1640 zur Residenz eines »protestantischen Musterstaates«.

Widerstand der Bekennenden Kirche

Gerhard Bauer wurde 1896 in Roda bei Ilmenau geboren und kam 1923 als junger Pfarrer nach Gotha. Er verweigerte sich nach 1933 der den Nationalsozialisten nahestehenden Bewegung der Deutschen Christen und wurde ein Mann der Bekennenden Kirche. Mit dem verfolgten und getöteten Werner Sylten

arbeitete er in Gotha zusammen. Das Pfarrhaus in der Langensalzaer Straße 5 wurde neben der Margarethenkirche zu seiner Wirkungsstätte. Bis 1938 leitete Bauer mit Ernst Otto die Lutherische Bekenntnisgemeinschaft in Gotha. Er stand dabei unter ständiger Beobachtung. Eine Äußerung zu Reichsbischof Ludwig Müller brachte ihm 1938 die Suspendierung. Daraufhin ging Bauer als Religionslehrer nach Würzburg, wo er als »politisch unzuverlässig« entlassen wurde. Es folgten Stationen in Hof, Stargard, Römhild und Stadtroda. 1952

erkrankt, wurde er in den Wartestand versetzt. Als Bauer 1938 Gotha verlassen musste verwies er seine Gemeindeglieder an die Altlutheraner in Erfurt. Mit deren Hilfe wurde 1938 die Evangelisch-lutherische Kreuzgemeinde Gotha der Kirche Altpreußens gegründet. Der erste Pfarrer war Frithjof Nagel aus Erfurt und noch im gleichen Jahr folgte in Gotha Ernst Gasde. Das »Prinzenhaus« in der Altstadt diente sowohl zu Versammlungen der Bekenntnisgemeinschaft als auch dann den Altlutheranern. (Martin Hundertmark)

Vom Herzogtum Gotha zum Freistaat Thüringen

Das Ende des Herzogtums Sachsen-Coburg und Gotha kam mit dem Ersten Weltkrieg 1914/18. Die Novemberrevolution 1918 stürzte die Monarchien in Deutschland; am 13. November erklärte der letzte Herzog Carl Eduard (seit 1905) seinen Rücktritt. Dadurch wurde auch die Personalunion mit Coburg hinfällig. So existierte kurzzeitig ein Freistaat Gotha innerhalb der Weimarer Republik. Anders als Coburg, das sich für Bayern entschied, schloss sich Gotha mit den übrigen Kleinstaaten 1920 zum Freistaat Thüringen zusammen. Aus der Residenzstadt wurde eine kreisfreie Stadt, aus dem Herzogtum entstand der Landkreis Gotha. Allerdings gehörte dem Freistaat der preußische Regierungsbezirk Erfurt noch nicht an. Erst nach dem Zweiten Weltkrieg entstand 1945 ein Land Thüringen in etwa dem heutigen Gebietsumfang. Dieses wurde freilich in der DDR bereits 1952 wieder aufgelöst. Fortan gehörte Gotha als Kreisstadt dem Bezirk Erfurt an.

Mit der Friedlichen Revolution und Wiedervereinigung 1989/90 rückte der Freistaat Thüringen als »Kernland der Reformation« und »Lutherland« wieder in die Mitte Deutschlands. Allerdings bekennt sich als Folge der langen kirchenfeindlichen NSDAP- und SED-Politik nur noch eine Minderheit zum evangelischen Glauben. In Gotha sind es noch 15,2 Prozent der 45.000 Einwohner (4,4 Prozent katholisch, 79,8 Prozent konfessionslos). Seit der Reformation hatte das Herzogtum Gotha eine eigene Landeskirche mit dem Herzog an der Spitze besessen. Diese ging 1921 in der Thüringer evangelischen Landeskirche auf, bestehend aus den ehemaligen Landeskirchen der Kleinstaaten. 2009 erfolgte der Zusammenschluss der Thüringer Landeskirche mit der Kirchenprovinz Sachsen zur Evangelischen Kirche in Mitteldeutschland (EKM). 2011 wurde Gotha mit der ersten Land-Kirchen-Konferenz der Evangelischen Kirche in Deutschland (EKD) zum Ort von Überlegungen für »gelingende Kirchlichkeit in ausgedünnten ländlichen Regionen«.

Die markanteste Entwicklung seit 1990 ist wohl die Renaissance als herausragender historisch-kultureller Erinnerungsort. Im Mittelpunkt steht dabei die Profilierung als »Barockes Universum Gotha« mit dem Herzstück Schloss Friedenstein. Die Stiftung Schloss Friedenstein mit ihren neu geordneten Sammlungen im Schloss und im 2013 wiedereröffneten Herzoglichen Museum (▶ S. 20), die Forschungsbibliothek Gotha (▶ S. 26) und das Thüringische Staatsarchiv Gotha (▶ S. 32) verfügen mittlerweile über hervorragende Rahmenbedingungen, etwa auch im neuen PERTHESFORUM (▶ S. 36). Ihre Schätze aus der Reformationszeit und der Zeit als »protestantischer Musterstaat« werden intensiv wissenschaftlich aufgearbeitet und der internationalen Öffentlichkeit nahegebracht. Darüber hinaus pflegt die Stadt ihr vielfältiges Erbe ebenso wie eine lebendige zeitgenössische Kulturszene. ●

▶ **DR. STEFFEN RASSLOFF**
arbeitet als Historiker, Publizist und Kurator in Erfurt und hat zahlreiche Publikationen zur thüringischen Landesgeschichte vorgelegt.

Der Reformator, der nicht vor Luther sterben sollte

Friedrich Myconius war mehr als zwei Jahrzehnte lang die prägende Persönlichkeit der reformatorischen Umgestaltung in Gotha und gehörte darüber hinaus zu den wichtigsten kursächsischen Theologen
—

VON ANDREAS LINDNER

»**I**ch habe Deinen Brief erhalten, lieber Friedrich, in dem Du schreibst, daß Du zum Sterben, oder wie Du es recht und christlich deutest, zum Leben krank liegst. Obwohl mirs nun eine besondere Freude ist, daß Du so unerschrocken gegenüber dem Tod bist [...], so bitte ich doch und flehe zum Herrn Jesus [...], daß er mir nicht auch noch dieses Unglück zufüge, daß ich am Leben bleibe und Du oder einige der Unseren [...] zur Ruhe hindurchdringen [...]. So bitte ich, daß der Herr mich an Deiner Stelle krank werden lassen und mir befehlen wollte diese meine Hütte [= meinen Leib] abzulegen, die nun unnütz, ausgedient und erschöpft ist. [...] Deshalb bitte ich Dich, daß Du mit uns den Herrn bittest, Dich länger dem Leben zu erhalten zum Dienst seiner Kirche und dem Teufel zum Verdruß. [...] Gehabe Dich wohl, mein lieber Friedrich, der Herr lasse mich nicht hören, daß Du gestorben bist, solange ich am Leben bin, sondern er lasse Dich mich überleben! Das bitte ich, das will ich, mein Wille geschehe, Amen.«

Diese im Original lateinischen Zeilen schrieb Martin Luther am 9. Januar 1541 von Wittenberg nach Gotha an den Superintendenten Friedrich Myconius (1490–1546), der an einer lang andauernden Erkrankung der Atemwege litt, die ihn seit 1539 zunehmend am Predigen hinderte. Wer war dieser Mann, den Luther keinesfalls vor sich sterben sehen wollte und deshalb mit geradezu kindlichem Trotz bei seinem Herrgott intervenierte?

Friedrich Myconius, eigentlich Mecum, stammte aus dem oberfränkischen Städtchen Lichtenfels, das damals zum Hochstift Bamberg gehörte. Hier wurde er am 26. Dezember 1490 geboren, ohne dass über seine Familie Näheres bekannt ist. Immerhin hatten seine Eltern Interesse an Bildung und das Vermögen, ihn 1504 von der heimischen Stadtschule auf die Lateinschule in das sächsische Annaberg wechseln zu lassen. Die erst sieben Jahre zuvor gegründete Bergstadt verdankte ihre Entstehung dem Silberboom im Erzgebirge, der sie sich in wenigen Jahrzehnten zur zweitgrößten Stadt Sachsens entwickeln ließ. Myconius erlebte hier zum ersten Mal, was Aufbruch hieß.

Sein persönlicher Aufbruch führte ihn 1510, als ein gewisser Johann Tetzel ihm einen kostenlosen

Friedrich Myconius lenkte die Reformation in Gotha ab 1524 in geordnete Bahnen.

Ablassbrief verweigerte, in den Annaberger Franziskanerkonvent. Nach zwei Konventswechseln, Leipzig 1512 und Weimar 1516, wurde er hier zum Priester geweiht und begann als Prediger zu wirken. Schon kurz nach seinem Klostereintritt soll er im Traum vom Apostel Paulus aus einer Einöde zu Christus geführt worden sein. Er deutete das später auf seine lebenswendende Bekanntschaft mit Martin Luther. Dem begegnete er 1518 in Weimar zum ersten Mal. Da kannte er bereits die 95 Thesen, und das nicht ohne Folgen. Seine Predigten änderten sich im reformatorischen Sinne. 1522 ließ ihn deshalb sein streng antilutherischer Landesherr, der albertinische Herzog Georg von Sachsen, verhaften und in seinem Annaberger Heimatkonvent internieren. Es gelang ihm jedoch 1524, in das unmittelbar angrenzende ernestinische Territorium zu fliehen.

Nach anfänglichem Wirken in Zwickau und in Buchholz vor den Toren Annabergs wurde er aber noch im gleichen Jahr von Herzog Johann nach Gotha berufen. Hier hatte sich die Feindschaft von Teilen der Bürgerschaft gegen den städtischen Klerus gerade im Pfaffensturm vom 17. Mai 1524 entladen und den Wittenberger Theologen um Luther war an einem beruhigenden Neuanfang gelegen, nachdem bereits seit 1522 der Pfarrer Johann Langenhan an der Margarethenkirche evangelisch gepredigt hatte. Seinen Platz nahm nun Myconius ein und er erwies sich für die nächsten 22 Jahre, in denen er Gothas Kirchenwesen prägte, als ein äußerst vielseitiger Mann. Er gab eine Kirchen- und Schulordnung heraus, die Grundlage einer jeden geordneten Reformation, begründete noch 1524 die Schule im Augustinerkloster, hielt durch geschicktes Verhandeln ein Jahr später die Bauernhaufen von Gothas Mauern fern und sorgte dafür, dass der Bau der Margarethenkirche bis 1542 vollendet werden konnte.

◀ **S. 48**
Abbildung des Friedrich Myconius, aus der »Geschichte der Reformation« (1541)

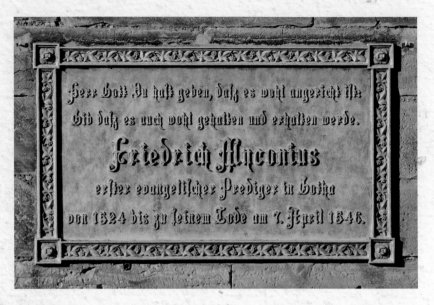

Herr Gott Du hast geben, daß es wohl angefangt ist.
Gib daß es auch wohl gehalten und erhalten werde.
Friedrich Myconius
erster evangelischer Prediger in Gotha
von 1524 bis zu seinem Tode am 7. April 1546.

▲
Myconius-Gedenk-
tafel an der
Augustinerkirche

▶ **S. 51**
Grabstein von
Friedrich Myconius
im Chor der
Augustinerkirche

Noch 1524 hatte er die Gothaer Bürgerstochter Katharina Jäcke geheiratet, die ihm neun Kinder gebar. Allerdings erreichten nur vier von ihnen das Erwachsenenalter.

Seine Tatkraft prädestinierte ihn für Aufgaben über die Gothaer Stadtgrenzen hinaus. Herzog Johann Friedrich nahm ihn bereits 1526/27 mit auf seine Brautfahrten zu Sibylle von Cleve an den Niederrhein. Myconius predigte in Köln, Düsseldorf und Paderborn, was schließlich sogar am 19. Februar 1527 zu einer öffentlichen Disputation mit dem Kölner Domprediger Johann Heller in Düsseldorf führte. Gleichzeitig war er in den Aufbau des neuen Kirchenwesens in Kursachsen eingespannt als Visitator der Ämter Tenneberg 1526 und Eisenach, Gotha und Weimar 1528/29. 1529 wurde er zum Superintendenten Gothas berufen und nahm im selben Jahr an dem so unglücklich verlaufenen Religionsgespräch in Marburg teil.

Auch der Versuch, die Kluft zwischen der Oberdeutschen und der Wittenberger Reformation doch noch zu schließen, die Erarbeitung der Wittenberger Konkordie 1536, sah ihn am Verhandlungstisch. 1537 unterzeichnete er die Schmalkaldischen Artikel. Danach begleitete er den unsäglich an seinen Nierensteinen leidenden Luther über den Thüringer Wald bis nach Gotha. Im Jahr darauf wurde er mit einer Delegation kursächsischer Theologen nach England gesandt, um dort die Reformation einzuführen. Da sich König Heinrich VIII. aber doch nicht für die Confessio Augustana entschied, wurde das Unternehmen abgebrochen.

Dafür war 1539 im albertinischen Herzogtum Sachsen die Zeit für die Reformation reif, deren Mit-

gestaltung ihn zurück nach Annaberg führte. Trotz seines eintretenden Leidens nahm er 1539 und 1540 noch an Religionsverhandlungen mit den Altgläubigen in Nürnberg und Hagenau teil, bevor er sich mehr und mehr auf das Bücherschreiben verlegen musste, weil seine Stimme den Beanspruchungen kaum mehr standhielt.

In dieser Situation schrieb ihm Luther den eingangs zitierten Brief. Aus dessen Zeilen spricht eine tiefe, über die Jahre in persönlichem Kontakt und mittels Korrespondenz gepflegte Freundschaft und Zuneigung. Immerhin hielt sich Myconius an Luthers Intervention und wartete, bis dieser verstorben war, bevor er ihm 49 Tage später, am 7. April 1546, einem Sonntag, in die Ruhe Gottes folgte. Seine eigene Sicht auf die Dinge hatte er zuvor in einer kleinen »Geschichte der Reformation« niedergelegt, die 1715 in Gotha das erste Mal im Druck erschien.

Myconius gehört in die erste Reihe der ernestinischen Reformationstheologen und in Gotha war und ist man sich dieses Erbes bewusst. Ein Platz und eine Regelschule in der unmittelbaren Nachbarschaft des Augustinerklosters tragen seinen Namen. Seit 1997 verleiht die Stadt Gotha die Myconiusmedaille für herausragendes ehrenamtliches Engagement im sozialen, kulturellen, ökonomischen und ökologischen Bereich. Myconius Grabstein ist seit 1874 im Kreuzgang des Augustinerklosters zu besichtigen. ●

▶ **PD DR. ANDREAS LINDNER**
ist Mitarbeiter am Martin-Luther-Institut der Universität Erfurt. Seine Forschungsschwerpunkte sind Reformationsgeschichte, Kirchen- und Theologiegeschichte der Frühen Neuzeit und Bildungsgeschichte.

Die griechische und lateinische Inschrift lautet:

Hier hat Erde den tüchtigen Thüringer Friedrich Myconius verborgen, der der Herkunft nach ein Franke war. Das Licht des Evangeliums hat er den Gothaern gleichsam angezündet, und gottesfürchtig lebte er elf Olympiaden und das übrige. Dieser Stein bedeckt die frommen Gebeine des Myconius, unter dessen Führung, Gotha, dir die Gnade Christi gezeigt wurde. Durch Lehre und Lebenswandel hat jener dir ein Beispiel hinterlassen. Dies betrachte, Gotha, als eine große Ehre.

▶ Hans-Jürgen Hinrichs, Lateinische und griechische Inschriften in Gotha und Umgebung. Teil I, Gotha 1998, S. 44 ff.

Der fromme Herzog

*Herzog Ernst I., der Fromme, machte Gotha 1640 zur
Residenzstadt und schuf einen »lutherischen Musterstaat«.*
—

VON ANDREAS KLINGER

Gotha ist als Ort der Reformation untrennbar mit dem Namen des Herzogs Ernst der Fromme (1601–1675) verbunden. Dieser Fürst regierte zwar erst ein knappes Jahrhundert nach Luther. Unter ihm aber wurde Gotha zur neuzeitlichen Residenzstadt eines eigenständigen Herzogtums, das als »lutherischer Musterstaat« in die Geschichte einging.

Im April 1640 teilten die Herzöge Wilhelm IV., Albrecht und Ernst von Sachsen-Weimar ihr Fürstentum, aus dem drei neue Territorien hervorgingen: Weimar, Eisenach und Gotha. Die Teilung war von Herzog Ernst forciert worden. Er war seit einigen Jahren verheiratet, ehrgeizig – und unzufrieden mit der Verwaltung des Weimarer Territoriums unter dem Direktorat des ältesten Bruders Wilhelm IV. Herzog Ernst strebte nach einem eigenen Herzogtum, so klein es auch sein mochte, wenn er es nur als alleiniger Landesherr nach seinen Vorstellungen regieren konnte.

Die Streitigkeiten unter den herzoglichen Brüdern waren vor allem konfessionspolitisch begründet. Ernst hatte sich mit reformerisch orientierten Theologen umgeben, mit deren Hilfe er 1636 in Weimar eine Liste der im Land »eingerissenen Mängel« vorlegte. Zugleich machten die Theologen Verbesserungsvorschläge. Ihr Ziel war eine »Reformation des Lebens«. Die Reformer waren von der Vorstellung geleitet, dass jeder einzelne Christ Verantwortung für den Zustand der Welt und vor allem auch für den Weg zu ihrer Verbesserung trage. Die Aufgabe der weltlichen und geistlichen Obrigkeiten sollte es sein, für einen »ordentlichen« Lebenswandel der Gläubigen zu sorgen.

Die Reformvorstellungen trafen in Weimar auf den erbitterten Widerstand des streng lutherisch-orthodoxen Hofpredigers Johannes Kromayer. Er sah darin einen Angriff auf die lutherische Lehre. Kromayer verdächtigte Herzog Ernst und seine Berater des Calvinismus. Diese Auseinandersetzungen verkürzten den Weg zur Erbteilung erheblich.

Das neue Herzogtum Gotha und seine Residenz

Das neu entstandene Herzogtum Gotha durchlief ab 1640 einen intensiven Verstaatlichungsprozess. Das Fürstentum Gotha war ein künstliches Gebilde, das in dieser Form noch nie als ein Herrschaftsraum zusammengefasst worden war und keine Residenz besaß. Herzog Ernst stand also vor der Aufgabe, die gewonnene Landeshoheit über die sogenannte Gothaer Landesportion in dauerhafte Herrschaftsstrukturen zu überführen. Die Zeit dafür war denkbar ungünstig, weil die regelmäßigen Durchzüge und Einquartierungen von Armeen das Land in den letzten Jahren des Dreißigjährigen Kriegs 1618–48 kaum zur Ruhe kommen ließen.

Institutionell kam der Herrschaftsausbau dennoch schnell voran. Das Hauptaugenmerk des Herzogs galt zunächst dem Aufbau einer eigenen Verwaltung. Zunächst entstanden die in lutherischen Territorien üblichen Zentralbehörden: Die Kanzlei war die oberste Verwaltungsbehörde und zugleich Gericht, die Kammer kümmerte sich um die landesherrlichen Finanzen und das Konsistorium leitete die Geschicke der Landeskirche. Zehn Jahre später wurde die Zentralverwaltung durch die Bildung

Herzog Ernst der Fromme, von Johann Rudolf Werenfels (1661)

eines Geheimen Rats weiterentwickelt. Unterhalb der Regierungskollegien sorgte der systematische Ausbau der niederen Verwaltungsinstanzen für die fortschreitende administrative Durchdringung des Landes. Im kirchlichen Bereich erweiterten die als Unterinstanzen des Konsistoriums neu gebildeten Geistlichen Untergerichte den konsistorialen Verwaltungsspielraum. Diese Gerichte eröffneten den weltlichen Beamten Einwirkungsmöglichkeiten auf das innerkirchliche Leben. Auf diese Weise wurde auch die Landeskirche auf allen Ebenen mit den Institutionen des fürstlichen Herrschaftsapparats verbunden.

In engem Zusammenhang mit der Ausbildung zentralistischer Herrschaftsstrukturen stand der Ausbau Gothas zur Residenz. Den Kern bildete das Schloss Friedenstein. Es wurde ab 1643 verhältnismäßig rasch und ohne steuerliche Sonderbelastungen der Untertanen auf dem seit 1567 verwaisten Schlossberg errichtet. Der wenig später zu einer großen Festungsanlage ausgebaute Friedenstein wurde zum weithin sichtbaren Herrschaftsmittelpunkt. Eine sehr spezifische Rolle spielte der Hof im Fürstenstaat Herzog Ernsts. Vom Hof aus sollte die christliche Erneuerung der Gesellschaft vorangetrieben werden. In bewusster Gegenläufigkeit zu der für den Barock typischen Tendenz, die Höfe zu Zentren demonstrativer Prachtentfaltung zu machen, unterwarf Ernst seinen fürstlichen Haushalt einer rigiden Sparsamkeit.

Die Staatsbildungspolitik Herzog Ernsts wurde durch zahlreiche Maßnahmen zur Ausgestaltung der inneren Herrschaftsordnung geprägt. Alle Landesherren jener Zeit bemühten sich um die »gute Policey«, also die herrschaftlich garantierte Ordnung der Gesellschaft. In Gotha zeichneten sich diese Anstrengungen jedoch durch eine besondere Intensität und teilweise auch durch zukunftsweisende Neuerungen aus. Dazu zählen z. B. die Ansätze einer medizinischen Grundversorgung der Bevölkerung durch die Bestellung von Landärzten oder die – letztlich gescheiterten – sozialpolitischen Pläne für die Einrichtung von Waisen- und Zuchthäusern.

Der Staat fördert und überwacht das gottgefällige Leben seiner Untertanen

Die Versuche, »Ordnung« nach obrigkeitlichen Normen im alltäglichen Leben der Bevölkerung durchzusetzen, verzahnten sich dabei mit dem konfessionellen Konzept einer »Reformation des Lebens«. Die landesherrlichen Gesetze galten als konkrete Ausformung göttlichen Gebots. Wegen dieser unscharfen Trennung »weltlicher« und »geistlicher« Angelegenheiten griffen herrschaftliche und Kirchenzuchtmaßnahmen ineinander und setzten die Untertanen einem hohen Kontrolldruck aus.

Wegen der Verknüpfung einer zwar reformorientierten, aber nach dem eigenen Verständnis noch immer streng lutherischen Religionspolitik mit den

Regelmäßige Visitationen überprüften nicht nur die Pfarrer, sondern den Lebenswandel aller Gläubigen.

Bedürfnissen des weltlichen Herrschaftsausbaus waren Kirche und Schule für den inneren Staatsausbau strategisch wichtig. Beide bildeten im Gothaer Fürstenstaat eine untrennbare Einheit. Namentlich die Elementarschulen wurden »als Seminaria Ecclesia [...] der Kirchen Christi Saam- und Pflantz-Gärtlein« verstanden. 1642 erließ der Herzog eine Schulordnung, die als »Schulmethodus« bekannt wurde. Der Verfasser war Andreas Reyher (1601–1673). Herzog Ernst hatte den Pädagogen, der sein maßgeblicher Berater in Schulfragen wurde, 1641 zum Rektor des Gothaer Gymnasiums ernannt. Der »Schulmethodus« gilt als das erste fürstenstaatliche Schulgesetz, das unabhängig von einer Kirchenordnung verfasst wurde. Die Gothaer Schulordnung führte eine etwa sechsjährige Schulpflicht für alle Kinder ein. Damit gehört Sachsen-Gotha zu den deutschen Ländern, in denen sehr frühzeitig eine allgemeine Schulpflicht galt.

Die in der Schule eingeübten Verhaltensnormen sollten zu deren frühzeitiger Verinnerlichung führen. Die Gothaer Schulpolitik erschöpfte sich allerdings nicht darin, mit dem obligatorischen Schulbesuch eine religiöse und soziale »Prägeapparatur« eingerichtet zu haben. Den Schulen war auch ein wirklicher Bildungsauftrag erteilt worden. Er orientierte sich an einer neuartigen, auf das kindliche Verstehen ausgerichteten Didaktik und an der aufkommenden Realpädagogik. Das maßgebliche Vorbild dafür war die Weimarer Schulordnung von 1619, die der Didaktiker Wolfgang Ratke (1571–1635) entworfen hatte. Der Gothaer »Schulmethodus« zeichnete sich durch eine methodische, an den angestrebten Lernerfolgen orientierte Vorgehensweise aus. Dafür wurden eigene Lehrwerke auf Deutsch entwickelt. Mangels geeigneter Lehrer erfolgte dieser gut geplante Unterricht jedoch nur phasenweise und keineswegs überall im Land in der von der Regierung erwünschten Form. Dennoch hob er zusammen mit dem bald erreichten hohen Alphabetisierungsgrad das territoriale Schulwesen in Gotha auf ein im Vergleich zu anderen Territorien

des Reichs überdurchschnittliches Niveau. Komplizierter war es, die Erwachsenen zu erreichen. Weltliche Zuchtmaßnahmen konnten zwar das erwünschte Verhalten erzwingen, garantierten aber nicht die Verinnerlichung der jeweiligen Normen. Wie im Luthertum üblich, war jedoch auch die Kirchenzucht kaum in der Gemeinde zu verankern. Dennoch lässt sich eine Verkirchlichung des Gemeindelebens erkennen, die als eine besondere Variante lutherischer Konfessionskultur angesehen werden kann. Der Katechismusunterricht für Erwachsene sowie Betstunden und Bußpredigten nahmen neben den regulären Gottesdiensten einen großen Teil des alltäglichen Lebens der Menschen in Anspruch. Das erklärte Ziel war es, die Frömmigkeit jedes einzelnen Untertanen bis hinein in den Bereich des häuslichen Lebens, der *praxis pietatis*, zu steigern.

Detaillierte Vorschriften zur alltäglichen Lebensführung waren eine zeittypische Erscheinung. Die Obrigkeiten schrieben nicht nur den regelmäßigen Kirchgang und das Hausgebet vor, sondern stellten auch Regeln für den Alkoholkonsum, das Verhalten auf privaten Feiern, die Ausstattung der Kleidung und vieles mehr auf. Oft erschöpften sich die Bemühungen der Landesherren jedoch in der Verkündung entsprechender Verordnungen. In Gotha hingegen wollte die Landesregierung den Erfolg ihrer Bemühungen auch überprüfen. Dafür begann sie sogleich nach dem Herrschaftsantritt von Herzog Ernst damit, die Kirchen und Schulen des Landes visitieren zu lassen. Alle Gemeinden wurden nun regelmäßig von einer Visitationskommission aufgesucht. Sie bewertete die Arbeit der Pfarrer und Lehrer und befragte alle Gemeindemitglieder. Zur Vorbereitung der ersten großen Visitation mussten die Pfarrer für ihre Gemeinden »Seelenregister« anlegen und fortan führen. In diesen neuartigen Verzeichnissen erfassten die Pfarrer alle Einwohner einschließlich der Kinder und trugen Bewertungen über Lebenswandel und Katechismuskenntnisse ein.

Das Katechismusexamen jedes einzelnen Gemeindemitglieds war der wichtigste Punkt der Visitation. Nicht mehr die Pfarrer standen im Mittelpunkt des Interesses, sondern Leben und Glauben der einfachen Gläubigen – die größte Neuerung der Gothaer Visitationstätigkeit. Festgestellte »Mängel« sollten bis zur nächsten Visitation unter der Androhung von Kirchenbuße oder weltlichen Strafen abgestellt werden. Das Ziel war es, »so viel die Christliche Lutherische Religion und reine Lehre

Das Denkmal vor Schloss Friedenstein

Pläne für ein Denkmal gab es in Gotha seit Mitte des 19. Jahrhunderts. Vor dem 300. Geburtstag des Herzogs 1901 nahmen sie konkrete Gestalt an. Die Initiative ging vom Gothaischen Hauptverein des Evangelischen Bundes aus. Er stiftete 1896 seinen Jahresüberschuss und die Stadt zeigte sich von der Idee begeistert. 1897 wurde das »Komitee zur Errichtung eines Denkmals Herzog Ernst des Frommen« gebildet, das mit einem Spendenaufruf an die Öffentlichkeit trat.

Die Gesamtkosten von etwa 40.000 Mark hätten freilich ohne Zuwendungen des Herzogs, der ernestinischen Häuser und vermögender Regierungsräte nicht aufgebracht werden können. Verschiedene Probleme verhinderten, dass das Denkmal 1901 fertiggestellt war. Zum Jubiläumsfestakt besuchte Kaiser Wilhelm II. Gotha und besichtigte die Entwürfe. Spontan ließ er

5.000 Mark anweisen. Das Denkmal für das »Musterbild eines deutschen evangelischen Landesfürsten« passte in eine Geschichtspolitik, die Nationalbewusstsein und einzelstaatliches Regionalbewusstsein verbinden wollte.

Im Rahmen eines großen Festes wurde das Denkmal am 4. September 1904 feierlich enthüllt. Die Form eines Standbildes war ungewöhnlich, da man Monarchen zumeist zu Pferde darstellte. Doch Ernst wurde nicht als Soldat verehrt. Das Denkmal zeigt den Herzog in einer Rüstung, in der Hand eine Bibel haltend. Die Rüstung scheint auf die kriegerischen Lebensumstände zu verweisen und ist ein Zeichen für die militärische Tapferkeit des Herzogs, auch wenn sein Nachruhm auf anderen Dingen beruhte. Hierauf verweist die Bibel. Die Standortfrage hatte sich als heiß umstrittenes Thema erwiesen. Der Hof wünschte eine Aufstellung im

Schlosshof. Die Mehrheit im Komitee, in dem sehr viele Lehrer und Pfarrer engagiert waren, plädierte jedoch für eine Grünfläche zwischen Schloss und Stadt, wo das Denkmal dann auch errichtet wurde. Man wollte mit dem Bildnis des als bürgernah verstandenen Fürsten die Verbindung zwischen Dynastie und Bevölkerung zum Ausdruck bringen.

---

betrifft/ nichts wideriges noch verdächtiges« mehr zu finden. Herzog Ernst strebte ein konfessionell homogenes Territorium an. Eine einheitliche Religion im Land war nach zeitgenössischer Auffassung ein wichtiger Garant für stabile Verhältnisse, weil sie zwischen dem Fürsten und den Untertanen starke Bindungen schaffe. Die Visitation wurde zur dauerhaften Einrichtung. Die Gothaer Regierung gab sich nicht damit zufrieden, über immer neue Gesetze und Verordnungen Gestaltungswillen zu demonstrieren. Mit erheblichem Aufwand versuchte sie, die Durchsetzung der erlassenen Normen zu überprüfen. Das galt für Regeln im kirchlichen Bereich wie auch für die zahllosen weltlichen Verordnungen. Dafür wurde sogar eine eigene Gerichtsbarkeit eingeführt, die sogenannten Rügegerichte. Und als Reaktion auf das zögerliche Anzeigeverhalten der Untertanen wurde auch mit entlohnten »geheimen Rügern«, also einer Art Spitzelsystem, experimentiert. Weil dieser genaue Blick der Herrschaft immer wieder neue »Missstände« zutage förderte, fühlte sie sich auch immer wieder zu neuen Ge- und Verboten genötigt. Dadurch ergab sich eine spezifische Dynamik der Herrschaftsausübung unter Ernst dem Frommen, die später oft als musterhaft beschrieben wurde.

Herzog Ernst war ein Herrscher des Übergangs zwischen einem christfürstlich-patriarchalischen Herrschaftsverständnis und einem an Nützlichkeit orientierten Verwaltungsdenken. Bei ihm verband sich die tief empfundene Aufgabe, für das Seelenheil der Untertanen verantwortlich zu sein, mit herrschaftspraktischen Maßnahmen, die auf die Stärkung des fürstenstaatlichen Machtapparats zielten. Heilserwartungen bestimmten die Kirchen- und Schulpolitik weiterhin in hohem Maße. Doch der Staat wurde nicht mehr allein als »Heilsanstalt« verstanden, die Seelen zu retten hatte, sondern als eine weltliche Einrichtung, die – neben dynastischen Interessen – dem Gemeinwohl dienen sollte. Diese Übergangsformation macht den Fürstenstaat Ernsts des Frommen bis heute interessant. •

▶ **DR. ANDREAS KLINGER**
arbeitet als Referent im Thüringer Wissenschaftsministerium.

▶ **LESETIPP**
Andreas Klinger, Der Gothaer Fürstenstaat. Herrschaft, Konfession und Dynastie unter Herzog Ernst dem Frommen, Husum 2002

»Singet dem Herrn ein neues Lied«

Reformationsgeschichte ist auch Musikgeschichte –
und die hat in Gotha eine lange Tradition
—

VON UTHMAR SCHEIDIG

Das Gothaer
Chorbuch Johann
Walters von 1545

Wie wichtig die Musik, vor allem das Singen, für die Reformation gewesen ist, zeigt folgende Anekdote: Wir schreiben das Jahr 1533. Der Lippische Landesherr Simon V. lehnt die neue Lehre ab und bemüht sich, sie in seinem Herrschaftsgebiet zu unterdrücken. Dies fordert er auch vom Rat der Stadt Lemgo, die in seinem Territorium liegt. So schickt der Lemgoer Bürgermeister Ratsdiener in die Kirchen, um die Abtrünnigen, also die, die singen, festzustellen und zur Ordnung zu rufen. Doch die Diener kommen zurück und melden: »Herr Bürgermeister, sie singen alle!« Darauf ruft dieser: »Ei, es ist alles verloren!« Von Gotha ist solches nicht überliefert, aber zum Singen und Spielen werden wir schon im Alten Testament aufgefordert. So heißt es im Psalm 98 »Singet dem Herrn ein neues Lied.« Auch das Neue Testament stimmt in diesen Auftrag ein. So lesen wir im Brief des Paulus an die Kolosser (3,16): »Lasset das Wort Christi reichlich wohnen in euch. Lehret und vermahnet euch selbst in aller Weisheit mit Psalmen und Lobgesängen und geistlichen Liedern und singet Gott dankbar in euren Herzen.« Von Martin Luther sind uns zahlreiche Texte überliefert, in de-

nen er die *musica sacra* als Gottesgabe preist. Die »Wittenbergische Nachtigall«, wie der Nürnberger Dichter Hans Sachs Luther nannte, blies als Student die Flöte, schlug die Laute und dichtete: »Wer sich die Musik erkiest, hat ein himmlisch Gut gewonnen, / Denn ihr erster Ursprung ist von dem Himmel her gekommen, / Weil die lieben Engelein selber Musikanten sein.« In einem Brief an den Musiker Ludwig Senfl schreibt er von Coburg aus: »Ich schäme mich nicht, offen zu bekennen, dass es nach der Theologie keine Kunst gibt, welche der Musik an die Seite gestellt werden kann.« Es entstanden die ersten evangelischen Gesangbücher mit Texten und Melodien von Luther und anderen Verfassern. In der großen Gesangbuchsammlung der Forschungsbibliothek Gotha legen Exemplare des Achtliederbuches, des Erfurter Enchiridions, des Klugschen und Babstschen Gesangbuchs hiervon Zeugnis ab.

Zum einen war das Schulwesen für die Musik verantwortlich, zum anderen die professionelle Hofmusik. Das 16. Jahrhundert stand für Gothas Hof zumindest in der zweiten Hälfte unter keinem guten Stern (▸ S. 42); die Hofkapelle wurde 1571 aufgelöst und erst wieder unter der Herrschaft Herzog Ernsts I.

(▶ S. 52) neu gegründet. 1646/48 entstand das »Cantionale sacrum« als geistliches Gesangbuch mit vierstimmigen Choralsätzen, das vor allem die Singarbeit an den Gothaer Schulen unterstützte. Schloss Friedenstein (▶ S. 20) erlebte 1651 die Neugründung der Hofkapelle unter dem späteren Hofkapellmeister Wolfgang Carl Briegel. Er hinterließ einen reichen Schatz an Orgel- und Chormusik. Gerade seine kleinen Kantaten werden bis heute gern in Kantoreien musiziert. Nach einem Interim unter Georg Ludwig Agricola wurde die Hofkapelle umgestaltet. Michael Mylius erreichte zudem eine stärkere Zusammenarbeit der Stadtmusik mit der Hofmusik.

Das 18. Jahrhundert wartet in Gotha mit großen Namen der Musikgeschichte auf. Christian Friedrich Witt wuchs als Sohn des hiesigen Hoforganisten Joachim Ernst Witt auf und genoss in Gotha eine exzellente Schulbildung, bildete sich im süddeutschen Raum weiter und war ab 1686 Kammerorganist, ab 1694 Kapellmeister und ab 1713 Hofkapellmeister. Er hinterließ der Nachwelt Orgelwerke, zum Teil Johann Sebastian Bach zugeschrieben, und Kantaten. Am Karfreitag des Jahres 1717 kam es zu einer Passionsaufführung in der Schlosskirche, die Bach leitete.

Mit Gottfried Heinrich Stölzel wurde ab 1719 für 30 Jahre ein Kapellmeister gewonnen, der ein großes musikalisches Œuvre hinterließ. Neben Orchester- und Kammermusiken sind dies große Passionskompositionen, Messen und mehrere Kantatenjahrgänge. Zeitgenosse Bach sprach mit großer Hochachtung von seinen Werken. Interessant ist, dass er seine Messen in Kurzform als Missa brevis, bestehend aus Kyrie und Gloria, und in lateinischer Sprache vertonte. Auch Bach hat seine sogenannten Lutherischen Messen in dieser Weise komponiert. Es gibt aber auch eine ins Deutsche übersetzte Messe von Stölzel, die »Deutsche Messe«. Nachfolger Stölzels wurde ein Vertreter der Böhmischen Musikeremigranten: Georg Anton Benda. Auch er war fast 30 Jahre lang Hofkapellmeister. In der Hofkapelle musizierte er als Geiger zusammen mit Carl-Heinrich Graun und Carl Philipp Emanuel Bach. Benda brachte den frühklassischen Stil nach Gotha. Er schuf Kammermusikwerke, Cembalokonzerte und entwickelte die frühe Oper durch Melodramen. Etliche seiner Kantatenjahrgänge werden in der Gothaer Augustinerkirchenbibliothek aufbewahrt, einige sind in den letzten Jahren vom Bachchor Gotha aufgeführt worden, ebenso Werke seines Vorgängers Stölzel. Gegen Ende von Bendas Tätigkeit kam es zu Querelen mit Anton Schweitzer, der 1778 sein Nachfolger wurde.

Mit Louis Spohr konnte 1805 erneut ein bedeutender Musiker als Konzertmeister der Hofkapelle gewonnen werden. Der Geiger und Komponist hatte schon viele Konzertreisen hinter sich. Er dirigierte und unterstütze die Deutschen Musikfeste und verließ seine Gothaer Stelle 1812, um in ganz Europa als erfolgreicher Violinist und Kapellmeister zu glänzen. Mit seiner aus Gotha stammenden Frau Dorette, geb. Scheidler, einer

bedeutenden Harfenistin, gab er Duoabende. Wichtig für die Kirchenmusik sind seine Oratorien. »Die letzten Dinge« wurde jüngst in Gotha wiederaufgeführt und »Des Heilands letzte Stunden« stand 2014 auf dem Spielplan der Thüringen-Philharmonie und des Bachchors Gotha. Im 19. Jahrhundert erstarkte das bürgerliche Chorwesen, unterstützt in Gotha von Andreas Jakob Romberg, von 1815 bis 1821 Hofkapellmeister. Er gründete 1819 den Singverein. 1837 wurde daraus die Liedertafel, fast ein halbes Jahrhundert von Adolf Wandersieb geleitet und zeitweise über 1000 Mitglieder zählend. Es wurden an verschiedenen Aufführungsorten nahezu alle damals bekannten Chor-Orchesterwerke aufgeführt. Einen wichtigen Anteil an dieser Entwicklung hatte der 1884 gegründete Kirchengesangverein, dessen Leitung Ernst Rabich innehatte.

In den 1920er Jahren entwickelten sich in den drei Stadtkirchen Gemeindechöre, die vor allem die Gottesdienste musikalisch gestalteten. Die Liedertafel und der Musikverein gingen in den 1930er Jahren in der Konzertgemeinschaft auf, einer von der nationalsozialistischen Reichsmusikkammer gleichgeschalteten Organisation, die sich aber durch viele großartige Aufführungen behaupten konnte. Nach dem Zweiten Weltkrieg wurde der Oratorienchor gegründet, aus dem 1950 der unter kirchlicher Regie stehende Bachchor zum einen hervorging, zum anderen der Konzertchor mit städtischer Anbindung.

Die Kirchenmusikpflege wird bis zum heutigen Tag vom Bachchor, von der Kantorei an der Augustinerkirche und dem Singkreis an der Margarethenkirche betrieben. Zwei Kammerchöre, der »Vokalkreis«, »Cantabile« und ein Gospelchor bereichern Gotha durch ihre Auftritte. Verlässlicher Partner bei Oratorienaufführungen ist die Gothaer Kapelle, die heute Thüringen-Philharmonie Gotha heißt. Für das instrumentale Musizieren stehen vor allem der Posaunenchor, aber auch das Kirchenkreisorchester und der Handglockenchor. Die Orgel als liturgisches und Konzertinstrument sei ergänzend erwähnt. Immerhin sind die ältesten nachweisbaren Instrumente 1495 erbaut worden. ●

▶ **UTHMAR SCHEIDIG**
war von 1984 bis 2007 Kirchenmusiker an der Margarethenkirche und ist jetzt im Ruhestand.

▶ **LITERATURTIPPS**
Karl Anton, Luther und die Musik, Leipzig 1937

EKD-Magazin Nr. 4: Reformation und Musik (2012)

Peter Bubmann, Konrad Klek, »Davon ich singen und sagen will«, Leipzig 2012

Angelika Niklas, Uthmar Scheidig, 500 Jahre Kirchenmusik in Gotha, Gotha 2000

Schönes und Gelehrtes

—

VON STEFFEN RASSLOFF

Vor- und Frühreformation

Der Band gibt einen wissenschaftlichen Überblick über das vor- und frühreformatorische Geschehen in der vielgestaltigen Städtelandschaft Thüringens. Hierbei wird von dem Theologen und Kirchenhistoriker Prof. Ernst Koch erstmals eine ausführliche Studie über das turbulente Geschehen in Gotha samt dessen Vorgeschichte vorgelegt.

▶ Joachim Emig, Volker Leppin, Uwe Schirmer (Hg.), Vor- und Frühreformation in thüringischen Städten (1470–1525/30), Böhlau Verlag, Köln/Weimar/Wien 2013 482 Seiten, 54,90 €

Lutherland Thüringen

Thüringen verfügt gemeinsam mit Sachsen-Anhalt über die meisten bedeutenden Luther- und Reformationsstätten. Aus verschiedenen Perspektiven wird diese historische Bedeutung mit ihren Bezügen für unsere Gegenwart in der reich bebilderten Publikation des Ministeriums für Bildung, Wissenschaft und Kultur herausgestellt.

▶ Steffen Raßloff, Thomas A. Seidel (Red.), Lutherland Thüringen, TMBWK 2013, 105 Seiten, erhältlich beim Ministerium oder als E-Paper (www.djz-online.de/tmbwk/ebook/#/ 2 E-Paper)

Kernland der Reformation

Die populäre Überblicksdarstellung von Landeshistoriker Dr. Steffen Raßloff verdeutlicht die Bedeutung Thüringens für Luther und als »Kernland der Reformation«. Zugleich kann man die jahrhundertelange enge Verflechtung der ernestinischen Residenz Gotha mit der thüringischen Geschichtslandschaft zurückverfolgen.

▶ Steffen Raßloff, Geschichte Thüringens, Verlag C. H. Beck, München 2010, 128 Seiten, 8,95 €

Was man in Gotha gesehen haben muss!

Barockes Universum Gotha

Stiftung Schloss Friedenstein Gotha
Postfach 10 03 19, 99853 Gotha
Tel. 0 36 21.82 34-0; Fax 0 36 21 82 34-63
Anmeldung für Führungen:
Tel. 0 36 21.8234-51; Fax 0 36 21.8234-57
www.stiftungfriedenstein.de

Schlossmuseum

Öffnungszeiten: Di–So 10–17 Uhr
Nov.–März: 10–16 Uhr
(montags geschlossen,
jedoch an Feiertagen geöffnet)

Historisches Museum

Öffnungszeiten: Di–So 10–17 Uhr
Nov.–März: 10–16 Uhr
(montags geschlossen,
jedoch an Feiertagen geöffnet)

Museum der Natur

Öffnungszeiten: Di–So 10–17 Uhr
Nov.–März: 10–16 Uhr
(montags geschlossen,
jedoch an Feiertagen geöffnet)

Ekhof-Theater

Öffnungszeiten: Di–So 10–17 Uhr
Nov.–März: 10–16 Uhr
(montags geschlossen,
jedoch an Feiertagen geöffnet)

Herzogliches Museum

Öffnungszeiten: Di–So 10–17 Uhr
Nov.–März: 10–16 Uhr
(montags geschlossen,
jedoch an Feiertagen geöffnet)

**Führungen durch die Kasematten
unter Schloss Friedenstein**

Tourist-Information Gotha/Gothaer Land
Hauptmarkt 33, 99867 Gotha
Tel. 0 36 21.50 78 57 12;
Fax 0 36 21.50 78 57 20
tourist-info@kultourstadt.de

KunstForum Gotha

Westthüringen-Center
Querstr. 13–15, 99867 Gotha
Tel. 0 36 21.7 38 70 30
Ansprechpartner: Katja Ziegenhardt
Tel. 0 36 21.510 443
k.ziegenhardt@kultourstadt.de
Öffnungszeiten: Di–So 10–17 Uhr,
montags geschlossen
Tel. 0 36 21.7 38 70 30
info@kultourstadt.de

**Deutsches Versicherungsmuseum
E. W. Arnoldi**

Anfragen zum »Deutschen Versicherungsmuseum E. W. Arnoldi«, Bahnhofstr. 3a,
99867 Gotha, über die Tourist-Information
der KulTourStadt Gotha GmbH
Tel. 0 36 21.507857-11; Fax 0 36 21 50 78 57-20

**Förderverein Deutsches Versicherungs-
museum**

Geschäftsstelle
Friedrich-Perthes-Str. 4, 99867 Gotha
Tel./Fax 0 36 21.40 10 60; Tel. 01 71-3 52 29 37
www.dvm-gotha.de
Öffnungszeiten: Mo 10–16 Uhr
(außer an Feiertagen. Andere Termine nach
Vereinbarung)

**Forschungsbibliothek Gotha
der Universität Erfurt**

Tel. 0 36 21.3 08 00
bibliothek.gotha@uni-erfurt.de
Schloss Friedenstein, 99867 Gotha
Öffnungszeiten: Mo–Fr 9–20 Uhr
Samstag 9–13 Uhr
An Feiertagen geschlossen
www.uni-erfurt.de

Orangerie und Parkanlagen

Parkverwaltung Schloss Friedenstein Gotha
Postfach 10 02 02, 99852 Gotha
Tel. 0 36 21.222 110; Fax 0 36 21.222 100
verwaltung@schlosspark-gotha.de
Mehr Informationen zur Orangerie und zum
Schlosspark insgesamt finden Sie unter:
www.orangerie-gotha.de
www.thueringerschloesser.de

**»Tivoli« – Gründungsstätte der
Deutschen Sozialdemokratie**

Förderverein Gothaer Tivoli e. V.
Am Tivoli 3, 99867 Gotha
Tel./Fax 0 36 21/704127
info@tivoli-gotha.de; www.tivoli-gotha.de
Öffnungszeiten: Di–Fr 7–17 Uhr
(Mai–Oktober)
Di–Fr 7–16 Uhr (Nov.–April)

Stadtbibliothek »Heinrich Heine«

Stadtverwaltung Gotha
Tel. 0 36 21.22 26 70
Friedrichstr. 2–4, 99867 Gotha
service.bibliothek@gotha.de
Öffnungszeiten: Di, Mi, Fr: 10–18 Uhr
Do 10–19 Uhr, Sa 10–13 Uhr,
Mo geschlossen
www.gotha.de

Gustav-Freytag-Haus

Weimarerstraße 145
99867 Gotha/OT Siebleben
Tel. 0 36 21.2 77 65 /Tel. 0 36 21.85 46 75
GustavFreytag@Siebleben.de
Öffnungszeiten: So/Mo 14–17 Uhr
Führungen: für Gruppenführungen
außerhalb der Öffnungszeiten
Anmeldung erbeten

Tierpark

Töpfleber Weg 2, 99867 Gotha
Tel. 0 36 21.70 77 31 ; Fax 0 36 21.70 77 31
Öffnungszeiten: Sommer 9–18 Uhr
Winter 9 Uhr–Einbruch der Dunkelheit
(Letzter Einlass ist 45 Min. vor Schließung)
tierpark@kultourstadt.de

▶
Büste von E. W. Arnoldi
(▶ S. 17)

KIRCHEN DER STADT

Gothas Kirchen spiegeln nicht nur die Reformations-geschichte, sondern sind ein fester Bestandteil des Stadtbildes und des städtischen Lebens. Überragt von der Margarethenkirche und der Kirche im Schloss Friedenstein reicht ihr Spektrum vom gotischen Bauwerk bis zum Neubau der 1980er Jahre.

Kirchen der Stadt

*Gothas Kirchen spiegeln die Reformationsgeschichte
und stehen auch für gelebte Ökumene*

—

VON MARTIN HUNDERTMARK

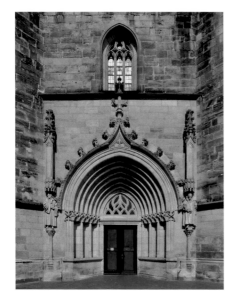

Gothisches Braut-
portal der
Margarethenkirche

▶ S. 63
Schlosskirche

Margarethenkirche

Hoch ragt der einzige Kirchturm in der Innenstadt und erhebt sich majestätisch über den Neumarkt. Dass die Margarethenkirche ihren Turm noch hat, verdankt sie einem pazifistischen Umstand. Da der Kirchturm der einzige während des »Grumbachschen Händels« 1567 war, der keine Kanonen beherbergte, wurde er verschont (▶ S. 16, 45). Doch bis dahin hatte die Margarethenkirche bereits eine bewegte Geschichte hinter sich. Sie beginnt mit dem unklaren Datum der Ersterwähnung. Vermutlich lag ein Abschreibfehler in einer Erbzinsurkunde vor, die das Jahr 1064 angibt. Fest steht, dass es auf dem Neumarkt auch schon Ende des 11. Jahrhunderts eine Kirche gegeben hat.

Die romanische Basilika wurde schrittweise abgebrochen und auf deren Fundamenten eine spätgotische Hallenkirche errichtet. 1494 sind in der Sakristei im Kreuzgewölbe und in den Fenstern über dem Brautportal gotischer Schmuck zu entdecken.

1522 verkündete der Pfarrer an Sankt Margarethen, Johann Langenhan, das Evangelium. Dies gilt als Beginn der Reformation in Gotha, die einer ordnenden Hand bedurfte. Allein mit der Verkündigung des Evangeliums durch den Margarethenpfarrer war es nicht getan. Luthers Freund Friedrich Myconius kam deshalb 1524 nach Gotha und wurde schließlich erster Superintendent an der Augusti-

nerkirche (▶ S. 48). Ihm ist es auch zu verdanken, dass der Kirchturm von St. Margarethen weitergebaut wurde. Man hatte 1517 mit dem Bau begonnen, doch nach Einführung der Reformation versiegten recht schnell die Geldquellen, da die Geldgeber sich nicht den neuen Gedanken anschließen konnten. 1531 konnte durch den Einsatz von Myconius der Bau fortgeführt und 1542 vollendet zu werden.

Mehrere Brände, Hungersnöte und die Pest setzten nicht nur der Stadt Gotha zu, sondern sorgten auch für den Verfall der Margarethenkirche. Ernst der Fromme machte sich für deren Wiederaufbau stark. Die bis zum 10. November 1944 erhaltene Fürstenloge und der Ratsstand wurden eingebaut, ebenso eine neue Orgel. 1652 konnte die Einweihung gefeiert werden. Der Enkel des Herzogs, Friedrich II., ließ 1725/27 die Kirche umbauen und gab ihr eine barocke Prägung. Nach der Zerstörung im Zweiten Weltkrieg entschlossen sich die Verantwortlichen von Kirche und Staat, die Margarethenkirche in ihrer spätgotischen Fassung als dreischiffige Hallenkirche wieder aufzubauen. Zur Christvesper 1953 war der Aufbau abgeschlossen. Es folgten 1956 der Einbau der farbigen Glasfenster und 1961 die neue Schuke-Orgel. Schlicht und ästhetisch schön – so zeigt sie sich heute dem Besucher, mit einer sehr guten Akustik für musikalische Veranstaltungen und Gottesdienste jeglicher Art.

Als evangelische Kirche fühlt sich die Gemeinde der Pflege der Kirchenmusik verpflichtet. So ist die Margarethenkirche heute das musikalische Zentrum im Kirchenkreis Gotha (▶ S. 56). Moderne Gottesdienste wie die viermal im Jahr stattfindenden Nachteulengottesdienste gibt es ebenso wie ganz klassische Kantatengottesdienste. Das, was Karl

Kirche St. Helena in
Siebleben

Der Gotha-Besucher, kommt er den Schlossberg
hinauf, wird zunächst vergeblich die Schlosskirche
suchen. Sie befindet sich baulich integriert im Nordflügel und wurde 1646 anlässlich der Taufe des Erb-
prinzen eingeweiht. Schon bald erfolgten Umbau-
ten. Bis 1918 diente die Schlosskirche als Hofkirche.
Seit 1920 ist sie Gemeindekirche der Evangelisch-
Lutherischen Kirchengemeinde Gotha. Der Zugang
zur Kirche erfolgt über den Innenhof.

In ihrer barocken Schönheit ist die Schlosskirche Anziehungspunkt für Paare, die sich hier trauen
lassen, oder Familien, deren Kinder dort getauft
werden. Zu besonderen Feiertagen, zum Beispiel Os-
termontag, Pfingstsonntag, Buß- und Bettag oder
Heiligabend, finden auch Gottesdienste in der
Schlosskirche statt. Eine große Herausforderung ist
die Restaurierung der Knauf-Orgel. Das historische
Instrument von 1850, erbaut vom Orgelbaumeister
Friedrich Knauf, soll bald wieder mit vollem Klang
die Besucher erfreuen. Die Kulturstiftung Gotha,
die Kirchengemeinde Gotha und vor allem auch private Initiatoren arbeiten hierbei eifrig zusammen.

St. Helena

Nach anstrengenden 20 Kilometern auf dem Pilgerweg aus Erfurt kommend, weist das Kreuz von St.
Helena in Siebleben dem Wanderer den Weg. Das ist
nicht nur wörtlich, sondern auch symbolisch ge-
meint. Denn dort, wo das Kreuz befestigt ist, trifft
sich die Gemeinde ganz im Sinne der Reformatoren
zu Gottesdienst, Bildung und Gebet.

Die erste Erwähnung einer Siebleber Kirche geht
in das 14. Jahrhundert zurück. Deren Standort war
allerdings nicht der heutige, sondern gut 200 Meter
davon entfernt. Ein verheerender Brand am 11. Juni
1809 vernichtete nicht nur 24 umliegende Wohn-
häuser, sondern auch die Kirche. Um den Neubau
besorgt, spendete Herzog August das Bauholz. Jedoch sollte es noch nicht zum Neubau kommen, da
die Siebleber ihrerseits kein großes Spendeninter-
esse zeigten. Letztlich verfaulte das Holz und mehrere Jahre zogen ins Land.

Caroline von Wangenheim, die Tochter des
Gutsbesitzers, machte einen weiteren Versuch. Sie
schenkte der Gemeinde den Bauplatz, verbunden

Barth mit dem Ausspruch »ecclesia semper refor-
manda est« (»die Kirche ist allezeit zu reformieren«)
geprägt hat, wird hier mit Leben zu füllen versucht.

▶ Die Kirche ist Mo, Di, Fr von 10–16 Uhr und Do von
10–15 Uhr geöffnet. Gottesdienste finden in der Regel
sonntags um 10.30 Uhr statt.

Schlosskirche

Droht dem Fürstenhaus Unglück, so steigt die weiße
Frau aus der Gruft der Schlosskirche und wandelt
durch die Räume des Friedensteins. Für alle, die
vom Unglück nicht betroffen sind, ist sie unsichtbar.
Gleiches gilt bei einem nahenden Todesfall aus der
herzoglichen Familie.

So weit erzählt es eine Gothaer Sage, die sich um
die fürstliche Gruft in der Schlosskirche rankt. Nun
wurde vielfach gerätselt, wer die weiße Frau auf
dem Friedenstein sei. Schenkt man der Sage Glauben, so handelt es sich um die Mutter des Schlosser-
bauers Ernst des Frommen, Herzogin Dorothea Ma-
ria von Anhalt. Aber wie es bei Sagen so ist: Das
Körnchen Wahrheit dürfte in diesem Fall nicht bei
der Person liegen. Denn die Gebeine derselbigen befinden sich nun gerade nicht in der Gruft unter der
Schlosskirche.

mit der Bedingung, dass die Gemeinde für die Erhaltung des Grabmals der Frau von Buchwald und ihrer Schwester Sorge trägt. Das war ein Angebot, welches die Gemeinde annahm. So konnte schließlich 1820 der Kirchenbau beginnen. 1826 wurde das Versprechen eingelöst und die Särge der beiden Frauen wurden in das Gewölbe der Siebleber Kirche umgesetzt. In Anwesenheit der beiden Prinzen Ernst und Albert (ihre Initialen sind heute noch an der Siebleber Orgel zu entdecken) weihte Herzog Ernst I. am 16. Dezember 1827 die Kirche St. Helena mit ein.

Da das Geld für eine Turmspitze oder Turmhaube nicht mehr reichte, kam stattdessen das Kreuz auf den Turm. Der heutige Pilger und Wanderer dankt es. Zur Jahrtausendwende wurde das »Glashaus« als Zentrum für das Gemeindeleben an die Kirche angebaut.

Versöhnungskirche

Am westlichen Stadtrand von Gotha liegt das für von vielen Pilgern herbeigesehnte Übernachtungsziel – die Versöhnungskirche. Sie ist die jüngste der Gothaer Kirchen. Ein mittlerweile stattlicher Eichenbaum, der zur Einweihung gepflanzt wurde, spendet dem Besucher auf dem kleinen Platz vor dem Kircheneingang Schatten und Erholung.

Im Rahmen des Programms »Kirchen für neue Städte« wurde die Versöhnungskirche als geistliches Zentrum der Plattenbausiedlung Gotha-West gebaut und am 24. Februar 1985 geweiht. Sie ist einer der wenigen und zugleich der letzte Kirchenneubau der DDR.

Die moderne Kirche bietet vielfältige Arbeitsmöglichkeiten für die Gemeinde. Bedingt durch die Nähe zur Evangelischen Grundschule, findet wöchentlich die Kinderkirche statt. Familiengottesdienste zählen zum festen Bestandteil im Jahreskreislauf. Die große Freifläche um die Kirche herum lädt mit viel Grün zu Spiel und Aktivität ein. Ökumenische Zusammenarbeit ist seit Bestehen der Versöhnungskirche ein Kernelement. Seit 1997 gibt es auch die Hospiz-Initiative Gotha e. V., die ihren Sitz in der Versöhnungskirche hat. Dort kümmern sich ehrenamtliche Hospizhelfer um Sterbende. Als Herausforderung für die Zukunft darf die Nutzung und Gestaltung der Versöhnungskirche in Verknüpfung mit einem sich ständig wandelnden Stadtteil angesehen werden. Durch den Zuzug vieler Spätaussiedler aus der ehemaligen Sowjetunion hat sich auch die Zusammensetzung der Gemeinde verändert. Hinzu kommt das Engagement für Pilger. Denn die Versöhnungskirche ist eine Station auf dem europäischen Pilgerweg nach Santiago de Compostela. Zahlreiche Pilger finden hier jedes Jahr Quartier und in der 1999 neu geschaffenen Kapelle, die täglich geöffnet ist, Ruhe zum Gebet.

St. Bonifatius

Wer die Versöhnungskirche als Pilgerziel hat, braucht von der Kirche St. Helena aus noch eine gute Stunde. Vorbei an der Margarethenkirche lohnt sich der Abstecher zur im neoromanischen Stil erbauten Bonifatiuskirche. Am 19. Oktober 1856 wurde sie dem Heiligen Bonifatius geweiht und dient heute als Hauptkirche der Katholischen Kirchengemeinde Gotha. Gute ökumenische Kontakte sind in den letzten Jahrzehnten gewachsen und ermöglichen einige gemeinsame Projekte im Jahreskreislauf. So wird der Gottesdienst am Pfingstmontag seit fast 50 Jahren in aller Regel gemeinsam gefeiert. •

▲ **oben**
Kirche St. Bonifatius

▲ **unten**
Versöhnungskirche

▶ **MARTIN HUNDERTMARK**
war bis 2014 Pfarrer an der Gothaer Margarethenkirche und ist heute Pfarrer an der Thomaskirche in Leipzig.

»Unser Augustinerkloster ist ein offenes Haus«

Das Gothaer Augustinerkloster, in dem Luther 1515 zum Distriktsvikar gewählt wurde, war das erste in Thüringen. Es bildet heute einen Mittelpunkt im Kirchenleben der Stadt

—

VON FRIEDEMANN WITTING

Kreuzgang im Augustinerkloster

Das Kloster liegt mitten in der Stadt, im Wohn- und Alltagsquartier an der Jüdenstraße, und ist bis heute eng verknüpft mit der Geschichte und dem Lebensalltag der Bewohner Gothas.

Im Jahr 1258 entstanden, ist es das erste Augustinerkloster in Thüringen überhaupt. Bereits zwei Jahre nach der Anerkennung des Ordens der Augustinereremiten 1256 durch den Papst wurde es gegründet. Das durch den Ordenseintritt Martin Lu-

thers bedeutsame Erfurter Augustinerkloster ist eine Tochtergründung aus Gotha. Luther selbst ist allerdings mit dem Gothaer Augustinerkloster eng verbunden, da er hier im Frühjahr 1515, zu einem Zeitpunkt, zu dem er bereits als Reformkatholik gelten konnte, zum Distriktsvikar seines Ordens für die Klöster in Sachsen und Thüringen gewählt wurde. In dieser Funktion visitierte er das Gothaer Kloster im Jahr 1516. Später kehrte er bis 1540 des Öfteren auf seinen Reisen nach Worms, Marburg oder Schmalkalden in Angelegenheiten der protestantischen Sache nach Gotha zurück und predigte in der Augustinerkirche.

1521 predigte er in der Augustinerkirche, worauf der Teufel aus dem Westgiebel der Kirche Steine herausgerissen und zu Boden fallen lassen haben soll, wie der eng mit Luther befreundete Gothaer Reformator und erste Superintendent Friedrich Myconius berichtete. In späteren Zeiten schwerer Erkrankungen standen beide Männer einander bei. Als Luther 1537 in Gotha schwere Nierenkoliken plagten, meinte er, nun sterben zu müssen, und regelte mit Myconius seine Angelegenheiten.

Nach Einführung der Reformation etablierte Friedrich Myconius in den Räumen des Augustinerklosters eine Lateinschule und begründete damit eine nahezu 500-jährige Bildungstradition, in der das heutige Gymnasium Ernestinum in Gotha steht, zu dessen Schülern zum Beispiel August Hermann Francke gehörte. Eine Vielzahl von Veranstaltungen knüpft heute an die reformatorischen Impulse zur Bildung an, etwa das monatliche »Evangelische Forum«, Ausstellungen, Einkehrtage und ein vielfältiges Vortragsprogramm.

Es ist vor allen Dingen der wunderschöne Kreuzgang, der als ein Ort der Stille inmitten der Unruhe und Hast der umliegenden Stadt erfahren wird und der zum Verweilen einlädt. Der »Raum der Stille«, der über den Kreuzgang erreicht werden kann, bietet Möglichkeiten zu persönlicher Einkehr und Stille ebenso wie die regelmäßig stattfindenden Wochenandachten.

Vielfältiges Angebot von einer Herberge bis hin zu Sozialprojekten

Gemeinsam betreiben die Kirchengemeinde, das Diakoniewerk Gotha und der Bodelschwingh-Hof Mechterstädt die Klosterherberge und das Augustinercafé als Integrationsbetrieb und ermöglichen Menschen mit Behinderung einen Arbeitsplatz im gastronomischen Bereich. Die 17 Herbergszimmer sind mit Dusche, WC und Waschbecken ausgestattet. Bewusst wird auf Radio, TV und Telefon verzichtet. Nach umfangreichen Sanierungsarbeiten in den Jahren 2007 bis 2010 steht Gästen sowie der

Luther war häufig im Gothaer Augustinerkloster zu Gast und wurde hier 1515 zum Distriktsvikar von Sachsen und Thüringen gewählt.

Stadtkirchgemeinde heute ein kleines, modernes Begegnungszentrum mit Herberge, Klostercafé, Gemeindesaal, Bibliothek, Kreuzgang und Kirche zur Verfügung. Die Herberge kann 30 Gäste aufnehmen. Im Klostercafé, das in den ehemaligen Kapitelsaal einlädt, gibt es 38 Sitzplätze für das Frühstück der Herbergsgäste und das Mittagsangebot.

An der Jüdenstraße befindet sich der große Gemeinderaum, in dem während des Winters Gottesdienst gefeiert wird und der daneben für Tagungen und Konferenzen, für Feste und private Feiern genutzt wird.

Im östlichen Teil der Kirche, dem ehemaligen Chorraum, liegt das Sozialprojekt »LIORA« als der diakonische Zweig im gegenwärtigen Leben des Augustinerklosters. Hier wird im Laufe des Vormittags von ehrenamtlichen Helfern Mittagessen vorbereitet, so dass in den Mittagsstunden warme Mahlzeiten für Bedürftige angeboten werden können. Aber nicht allein dies: Menschen erfahren in »LIORA« Gemeinschaft und soziale Kontakte. Beratung, Gespräche und Lebensbegleitung gehören zu diesem durch Spenden finanzierten Angebot. Etwa 40–70 Mahlzeiten werden hier täglich nachgefragt. In der Nachmittagszeit kommen Kinder aus dem Stadtgebiet, die Hausaufgabenbetreuung, Kulturelles und Spielangebote finden. So wird für eine Vielzahl von Menschen erfahrbar, was der Name »LIORA« programmatisch aussagt, der dem Hebräischen entlehnt ist und »mein Licht« bedeutet.

Im Erdgeschoss darunter ist die Bibliothek eingerichtet, in der die Buch- und Archivbestände der

Augustinerkloster

Kirchengemeinde und des Kirchenkreises Gotha vereint sind.

In der mehr als 750-jährigen Geschichte des Augustinerklosters hat sich viel an diesem Ort verändert. Nach wie vor lebt der Gebäudekomplex aus dem Geist des Klosters. Menschen kehren ein mit der Sehnsucht nach Gottesbegegnung im Herzen, mit Bildungsfragen oder dem Wunsch nach Gastfreundschaft und Unterstützung: Sie begegnen Gott und Menschen, die für sie da sind.

Die Augustinerkirche

Die Augustinerkirche ist kein Gebäude, das sich in den Mittelpunkt drängen würde. Da ihr ein Kirchturm fehlt, passt sie sich förmlich in die Umgebung der Stadt ein und ist darin als ein typischer Bettelordensbau zu erkennen. Nur ein kleiner Uhrturm in Richtung Osten ist vorgebaut, der allerdings die Höhe des Giebels nicht erreicht und einen höheren Vorgänger hatte, auf dessen Gründung im Jahr 1366 ein verbauter Werkstein verweist. Seit dem Jahr 1258 ist der Augustinerorden in Gotha bezeugt; und der Bau einer Kirche anstelle eines romanischen Vorgängerbaus gehörte zu den ersten Aktivitäten.

Im Inneren tritt uns der Kirchenraum entgegen, wie man ihn im Wesentlichen im ausgehenden 17. Jahrhundert gestaltet hat: Die Emporen, die auf einer schön eingedrehten Säule ruhende Kanzel, Orgelprospekt, Deckengestaltung und Fürstenloge stammen aus dieser frühbarocken Bauphase. Wer im Inneren der Kirche nach Osten und zum Altar schaut, nimmt wahr, dass die Kirche verkürzt wurde: 1938/39 wurde eine Wand in den Chor eingezogen, die das Kirchenschiff um etwa ein Drittel

verkürzt. Vor dieser Wand befindet sich rechts vom Altar das Epitaph des ersten Gothaer Superintendenten und Reformators Friedrich Myconius. Hinter dieser Wand versuchte die Kirchengemeinde vor dem Ausbruch des Zweiten Weltkrieges neue Räume für die Gemeindearbeit zu schaffen, da seit dem Jahr 1933 die SA-Kreisleitung Gemeinderäume im Augustinerkloster nutzte. Mit Beginn des Krieges endeten die Baumaßnahmen und konnten erst in den 1970er Jahren fortgesetzt und beendet werden.

Rund um die Augustinerkirche etablierte sich eine lebendige Gemeindearbeit, die in den letzten Jahren der DDR-Zeit manch kritischem Geist Dach und Schutz bot. Eine besondere Rolle spielten hierbei die Friedensgebete während der Friedensdekade seit 1980. Im Herbst des Jahres 1989 stand die Augustinerkirche im Mittelpunkt der Ereignisse, war ab dem September dieses Jahres Ort wöchentlicher Friedensgebete und Ausgangspunkt machtvoller Demonstrationen in den Wochen der Friedlichen Revolution.

In der Gegenwart ist die Augustinerkirche mit dem benachbarten Myconius-Haus und dem angrenzenden Klosterkomplex ein wichtiger Ort im Leben der Kirchengemeinde und der Stadt Gotha. Die Türen sind geöffnet für Besucher lebendiger Gottesdienste, zu Konzerten und regelmäßigen Kunstausstellungen. Die Augustinerkirche und der angrenzende Kreuzgang laden ein zu Stille und Musik, zum Wahrnehmen und Fühlen und nicht zuletzt zum Hören auf die protestantische Predigt des Evangeliums. ●

▶ **FRIEDEMANN WITTING**
ist Superintendent des Evangelischen Kirchenkreises Gotha.

Fabian Vogt
Bibel für Neugierige
Das kleine Handbuch göttlicher Geschichten
224 Seiten | 13,5 x 19 cm | Paperback
€ 12,90 [D]
ISBN 978-3-374-03872-5

Warum musste Gott am Anfang erst mal das »Tohuwabohu« aufräumen? Gilt Noah eigentlich als Archetyp? Wollte Jona Walfreiheit? War Jesus Christ? Wieso macht der gute »Vater im Himmel« gleich zwei Testamente? Hätte nicht ein Evangelium gereicht? Und: Wie kann ein 2000 Jahre altes Buch heute noch aktuell sein?

Fabian Vogt gibt Antworten: Fundiert, übersichtlich und dabei höchst unterhaltsam lässt er die großen Erzählungen der Bibel neu lebendig werden, erläutert die Zusammenhänge und zeigt, welche lebensstiftende Kraft in ihnen steckt. Das Buch ist ein Lesevergnügen für Heiden wie für Fromme aller Couleur.

4. Auflage!

Fabian Vogt
Luther für Neugierige
Das kleine Handbuch des evangelischen Glaubens
192 Seiten | 13,5 x 19 cm | 8 Abb.
Paperback
€ 9,95 [D]
ISBN 978-3-374-02844-3

Wie war das noch mal mit Luther und der Reformation? Was glauben evangelische Christen – und was nicht? Ist Katechismus etwas Ansteckendes? Sind Protestanten eine exotische Spezies? Und: Dürfen evangelische Männer katholische Frauen küssen?

Fabian Vogt
Kirchengeschichte(n) für Neugierige
Das kleine Handbuch großer Ereignisse
168 Seiten | 13,5 x 19,0 cm
Paperback
€ 9,95 [D]
ISBN 978-3-374-03154-2

Warum erlebte der christliche Glaube so einen kometenhaften Aufstieg? Wann entstand das Glaubensbekenntnis? Kann man Hugenotten essen? Und: Was hat das alles mit mir zu tun?

EVANGELISCHE VERLAGSANSTALT
Leipzig
www.eva-leipzig.de · Bestell-Telefon 0341 7114116 · vertrieb@eva-leipzig.de

 www.facebook.com/leipzig.eva

Geheimtipps

*Drei kleine Kirchen am Rande verdienen auch
Aufmerksamkeit als Kulturdenkmale*

—

VON KNUT KREUCH

Lutherkapelle in
Töpfleben

▶ S. 71
Friedrichskirche in
Gotha

Gotha ist nicht nur geprägt durch die großen prachtvollen Kirchen inmitten der Stadt. Gothas besonderer Reiz sind auch die kleinen, meist versteckt liegenden Gotteshäuser. Drei mögen hier vorgestellt werden.

Es war Herzog Friedrich II. von Sachsen-Gotha-Altenburg (1676–1732), der sich während seiner Regentschaft verstärkt dem Kirchenbau im Gothaer Land widmete. 1697 übernahm er die Leitung des Direktoriums der evangelischen Kirche in Kursachsen, die ihm Kurfürst Friedrich August I. von Sachsen (1670–1733) vor der Übernahme der polnischen Königskrone übertrug. Damit war Gotha für Jahrzehnte Mittelpunkt des protestantischen Lebens in Deutschland.

Anstelle einer 1347 genannten Sankt Nikolaus Kapelle auf der Schlichte vor dem Siebleber Tor ließ der Herzog in der Zeit vom 19. Juli bis 18. Dezember 1715 durch den Baumeister Johann Erhard Straßburger (1675–1754) einen der ersten barocken Kirchenrundbauten Deutschlands errichten, dessen Grundprinzipien sich im berühmtesten Kirchenbau Deutschlands, der Frauenkirche zu Dresden, wiederfinden. Seit 300 Jahren erinnert diese Kirche mit dem Namen »Friedrichskirche« an den edlen Stifter.

Ein weiterer, zwar in der Innenstadt gelegener, aber doch versteckter Kirchenbau Gothas ist die Hospitalkirche im Brühl, die ebenfalls von Johann Erhard Straßburger geschaffen worden ist. Herzog Friedrich gab seinem Baumeister den Auftrag, das im Jahre 1223 von der heiligen Elisabeth gestiftete Hospital in den Jahren 1716 bis 1719 neu zu erbauen und eine Kirche einzufügen. Ein barocker Kanzelaltar in der Kirche erinnert an die Erbauungszeit. Das bis Ende des 20. Jahrhunderts als Alten- und Seniorenheim genutzte Haus ist eine der ältesten Sozialeinrichtungen Thüringens und wird heute von Vereinen der Stadt Gotha, ganz im Sinne der heiligen Elisabeth, als lebendiges soziokulturelles Zentrum genutzt.

Um die Lutherkapelle in Töpfleben zu finden, muss man sich schon einige Kilometer in Richtung des Bach-Stammortes Wechmar bewegen. Die im Jahre 878 erstmals erwähnte Siedlung hatte im 20. Jahrhundert lange an Bedeutung verloren. Erst durch den Zuzug von Vertriebenen erhielt der alte Ort wieder eine Zukunft. Bereits am 22. September 1944 hatten 27 Familien aus dem Ort Rischkanowa in Bessarabien (heute Moldawien) in Gotha eine neue Heimat gefunden. Diese Familien erhielten im September 1945 Neubauerngrundstücke in Töpfleben. Die aus der alten Heimat mitgebrachte Bibel und ein 1950 errichteter Glockenturm waren der Anfang, um den evangelischen Glauben zu leben. Für den Glockenturm konnte in der Glockenwerkstatt Schilling in Apolda eine Glocke von Nicolaus Jonas Sorber erworben werden, die dieser im Jahre 1717, zum 200-jährigen Reformationsjubiläum, gegossen hatte.

Am 29. November 1953 wurde der Grundstein gelegt und zum Reformationstag 1954 kam Landesbischof Moritz Mitzenheim nach Gotha, um die einzige Kirche in einer deutschen Neubauernsiedlung auf den Namen »Lutherkapelle« zu weihen. Sie ist heute ganz im Zeichen Martin Luthers geistliches Zentrum der kleinen Ortschaft. ●

»Suchet der Stadt Bestes!« *

Kirche und Stadt gehören in Gotha zusammen,
sogar beim Basketball

VON MARTIN HUNDERTMARK

Gothardusfest 2014
mit ökumenischem
Gottesdienst

Was wäre eine Stadt ohne ihre Kirchen? Was wären die Kirchen ohne ihre Stadt? Im gut reformatorischen Sinne will Kirchengemeinde Salz der Erde und Licht der Welt sein. Deshalb darf sie sich nicht hinter Klostermauern verstecken, sondern muss hinaus dorthin, wo das Leben der Menschen stattfindet. Gleichermaßen ist es eine große Herausforderung, Kirchenräume zu öffnen bzw. offen zu halten, damit sich Gäste und Einheimische an den Orten der Ruhe und des Gebetes erfreuen können.

Christen aller Konfessionen engagieren sich in den Gremien der politischen Gemeinde. In Gotha ziehen Kirchengemeinde und politische Gemeinde vielfältig an einem Strang. So konnte 2007/08 mit Hilfe der Städtebauförderung das Augustinerkloster saniert werden. Bei Großereignissen wiederum ist die Kirchengemeinde ein verlässlicher Partner. So wurde zur Europeade im Jahre 2013 auf dem Oberen Hauptmarkt ein großer ökumenischer Gottes-dienst mit über 3000 Teilnehmern gefeiert. Gothardusfest und Adventsmarkt sind ebenfalls Punkte für gutes gemeinschaftliches Engagement.

Wichtige Gedenkveranstaltungen, wie zum 75. Jahrestag der Reichspogromnacht 2013, finden in der Margarethenkirche statt. So auch die Erinnerung an die Rettung Gothas durch Josef Ritter von Gadolla im Rahmen eines Konzertes am Karfreitag 2015.

Insbesondere die Sorge um benachteiligte Menschen bringt alle an einen Tisch, um dort Hilfe zu geben, wo es notwendig ist, wie zum Beispiel in der Konzeption der Stadtteilarbeit Gotha West, in Siebleben oder im Elisabethzimmer für notleidende Menschen in der Winterzeit. Die Partnerschaft zwischen Kirchengemeinde und Stadt lebt von der Diskussion und von den vielfältigen Meinungen. Nicht immer ist man sich einig, aber immer sind es kritische Partner, die sich begegnen, um der Stadt Bestes zu suchen.

Seit 2013 gibt es ein spezielles Projekt in Zusammenarbeit mit der Basketballmannschaft Oettinger Rockets Gotha. Getreu dem Motto, dorthin zu gehen, wo die Menschen sind, initiierten Pfarrer Jochen Franz und Pfarrer Martin Hundertmark die »Kabinenpredigten aus der Blauen Hölle«, der Spielstätte der Basketballmannschaft. Auf lockere Art und Weise werden die Heimspiele mit biblischen Zitaten und Geschichten kommentiert. »Dem Volke aufs Maul schauen«, schrieb einst Martin Luther. In dieser Tradition sind auch die Kabinenpredigten ganz evangelisch-reformatorisch.   ●

▶ Weitere Informationen: www.kirchengemeinde-gotha.de

*Jeremia 29,7

Ort der Schulreform

Zwei evangelische Schulen knüpfen in Gotha an eine lange Bildungstradition an

—

VON FRIEDEMANN WITTING

In Gotha ist Reformation mit Schule verbunden: 1524 wurde in Gotha die »Schola Gothana« durch den Reformator und Freund Luthers, Friedrich Myconius, gegründet. Sie entstand unmittelbar nach dem Aufruf Martin Luthers, neue christliche Schulen einzurichten, in seinem »Sendschreiben an die Ratsherren aller Städte deutschen Landes« von 1524.

In der Verschmelzung von Schule und Reformation ist Gotha ein Ort der Schulreform. Namen wie Josias Löffler, Andreas Reyer, Christian G. Salzmann oder Johann C. F. GutsMuths prägen die vielfältige Bildungslandschaft der Schulentwicklung in Gotha.

Nach einer Phase der staatlichen Einheitsschule während NS- und DDR-Zeit konnte an diese reformatorische Tradition neu angeknüpft werden. Aus einer Elterninitiativgruppe erwuchs ein reformpädagogisches Schulkonzept als Gegenentwurf zur sozialistischen Einheitsschule der DDR und gewann die Kirche als Partnerin und Trägerin von Schule in der Erinnerung an die Sorge Luthers um die Einrichtung und Erhaltung guter Schulen.

In der Folge konnte am 1. September 1993 die erste evangelische Schule in Trägerschaft der Evangelisch-Lutherischen Kirche in Thüringen mit 30 Schülerinnen und Schülern eröffnet werden. Heute besteht die Evangelische Grundschule Gotha mehr als 20 Jahre. In ihr lernen 275 Kinder in zwölf Stammgruppen. 2009 gründete sich die weiterführende evangelische Regelschule, die das Konzept der Grundschule aufgreift und weiterentwickelt. Aktuell lernen dort Kinder mit und ohne Förderbedarf von Klasse 5 bis 10 gemeinsam. Beide Schulen gehören heute zur Evangelischen Schulstiftung in

Die Evangelische Grundschule Gotha

Mitteldeutschland. Die Attraktivität evangelischer Schulen liegt in der Besonderheit der schulischen Atmosphäre – spürbar durchdrungen vom Geist Gottes: Christliche Werteerziehung bildet zu Freiheit und Verantwortung. Hier ist Schule eine Lern- und Lebensgemeinschaft, in der jeder Mensch als Gesamtperson mit Stärken und Schwächen geachtet und anerkannt wird. Mit den Worten der ursprünglichen Schulkonzeption: »Wie Kinder heute Mitmenschlichkeit erfahren, werden sie morgen miteinander umgehen.«

Evangelische Schulen werden nicht nur von der Kirche getragen, sie wurzeln auch tief in der Kirche von heute und gestalten sie mit. Eine vielfältige Zusammenarbeit von Schule und Gemeinde in Gottesdiensten, Andachten, gemeinsamem Singen und Feiern hat sich entwickelt.

Evangelische Schulen prägen junge Menschen, die bereit sind, aus ihrem Glauben heraus Verantwortung für sich und für die Gesellschaft zu übernehmen. Sie erziehen zu Selbständigkeit und zu einem verantwortungsvollen Umgang mit der Schöpfung. So bleibt Gotha ein Ort der Reformation auch in weiterer Zukunft. ●

Gotha adelt

Von barock bis modern – Die Residenzstadt hat touristisch viel zu bieten!

Blick von Rathausturm über den Markt Richtung Schloss Friedenstein

▼
In Gotha finden sich auch viele sehenswerte Details wie diese barocke Hausmarke

Weimar, Erfurt und Eisenach kommen einem quasi auf Knopfdruck in den Sinn, denkt man an die reizvollen Städte im Freistaat Thüringen. Wenn es da nicht noch zumindest eine städtebauliche Perle im »Grünen Herzen« gäbe, die es an Reiz, Charme, Historie und touristischen Attraktionen locker mit den Erstgenannten aufnehmen kann – Gotha.

Die Residenzstadt Gotha bildet mit ihrem historischen Stadtkern, dem »Barocken Universum« rund um Schloss Friedenstein und das Herzogliche Museum einen internationalen kulturellen Anziehungspunkt. Zugleich begegnen sich Tradition und Moderne in der einstigen Hauptstadt des Herzogtums Sachsen-Gotha auf Schritt und Tritt. Jüngste Errungenschaft ist das KunstForum Gotha. Auf insgesamt 400 m² Ausstellungsfläche werden moderne und zeitgenössische Malerei im Wechsel mit Photographie, Skulpturen und Installationen präsentiert. ●

▶ Ein umfangreiches Souvenirangebot hält der Gotha adelt-Laden unter dem Motto: »Ein Stück Thüringen zum Mitnehmen« für Sie bereit:
Hauptmarkt 44, 99867 Gotha
Tel. 036 21.73 33 499; laden@kultourstadt.de

....

▶ Internetangebot: www.kultourstadt.de mit Gothaer Veranstaltungskalender, Ausstellungen, Festprogrammen

Tierpark

Ein touristisches Highlight für Jung und Alt bietet der Tierpark Gotha am Seeberg. In dieser Erlebniswelt lassen sich ein paar schöne Stunden erleben. Entlang der 1,7 Kilometer langen Wege erwarten die Besucher nicht nur heimische Tierarten, sondern auch exotische Tiere. Eine ausgiebige Beschilderung der Gehölze, verbunden mit einem Naturerlebnispfad, macht auf sanfte Art und Weise auf die Belange des Natur- und Umweltschutzes aufmerksam.

Thüringerwaldbahn

Von Gotha in den Wald geht es mit einer der ältesten Überlandstraßenbahnen Deutschlands, der Thüringerwaldbahn, vorbei an der Pferderennbahn am Boxberg bis nach Tabarz. Die einstündige Fahrt führt zu zahlreichen Sehenswürdigkeiten durch den Thüringer Wald. Endstation ist der idyllische Erholungsort Tabarz am Fuße des 916 m hohen Inselsberges.

Stadtrundgänge

Entdecken Sie während eines geführten Stadtrundgangs die glanzvolle Geschichte dieser Stadt. Öffentliche Führungen werden ganzjährig samstags 14 Uhr veranstaltet. Von April bis Oktober gibt es zusätzliche Stadtführungen am Mittwoch und Sonntag um 11 Uhr und freitags 14 Uhr. Des Weiteren bietet die Tourist-Information Gotha/Gothaer Land freitagabends Erlebnisrundgänge durch die Innenstadt an. Sie können dabei mit Gothaer Originalen auf Entdeckungstour gehen.

Tourist-Information

Die Tourist-Information der KulTourStadt Gotha GmbH ist für Sie da. Sie bietet jederzeit umfangreiche Tipps und Informationen zu Gotha, organisiert und vermittelt Stadtführungen und vieles mehr.

▶ Hauptmarkt 33
  99867 Gotha
  Tel. 0 36 21.50 78 57 12
  tourist-info@kultourstadt.de

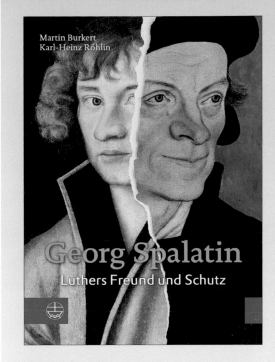

Impressum

DR. STEFFEN RASSLOFF
Herausgeber und
verantwortlicher Redakteur

MAIK MÄRTIN
Herausgeber

AM ANFANG WAR DAS WORT

LUTHER 2017
500 JAHRE REFORMATION

www.luther2017.de

GOTHA
ORTE DER REFORMATION
Journal 21

Herausgegeben von Steffen
Raßloff und Maik Märtin

Die Deutsche Bibliothek ver-
zeichnet diese Publikation in der
Deutschen Nationalbibliographie;
detaillierte bibliographische
Daten sind im Internet über
http://dnb.ddb.de abrufbar.

© 2015 by Evangelische
Verlagsanstalt GmbH · Leipzig
Printed in Germany · 7866

IDEE ZUR JOURNALSERIE
Thomas Maess, Publizist,
und Johannes Schilling,
Reformationshistoriker

GRUNDKONZEPTION
DER JOURNALE
Burkhard Weitz,
chrismon-Redakteur

COVERENTWURF
NORDSONNE IDENTITY, Berlin

COVERBILD
Lutz Ebhardt

LAYOUT
NORDSONNE IDENTITY, Berlin

BILDREDAKTION
Steffen Raßloff

ISBN 978-3-374-04029-2
www.eva-leipzig.de

Bildnachweis